dtv

24. XII. 05

Frohe Weihnachten

euer Christian

Wir alle streben nach Glück, doch suchen wir es allzu oft am falschen Ort. Die Mystiker und Weisen dieser Welt haben es schon immer gewusst und verkündet: Wahres Glück finden wir nicht in äußeren Dingen, sondern nur in uns selbst. Und um diesen inneren Schatz zu heben, müssen wir uns von Zeit zu Zeit vom Lärm der Welt zurückziehen. Klöster sind Orte der Zuflucht, Kontemplation und inneren Einkehr, in denen wir alles, was uns hindert, loslassen und von Suchenden zu Findenden werden können. Es ist gerade die Stille, die uns das Wunder der Schöpfung erfahren lässt. Dieser Band versammelt kontemplative Texte aus verschiedenen spirituellen Traditionen, in deren Mittelpunkt der heilsame Rückzug in die Stille steht – angefangen bei den Mystikern des christlichen Abendlandes über die Wüstenväter, Sufis, Buddhisten und Daoisten bis zu den Zen-Meistern, für die der eigene Herz-Geist das eigentliche »Kloster« darstellte. Behutsam führen uns die ›Klosterweisheiten‹ zu Klarheit, Freude und innerem Frieden.

Stephan Schuhmacher war viele Jahre als Lektor für verschiedene Verlage tätig. Zu seinen Publikationen gehören die Bände ›Zen‹ und ›Lexikon des Zen‹, Gedichtübersetzungen aus dem Chinesischen sowie zahlreiche Übertragungen spiritueller Literatur aus dem Englischen und Französischen. Er lebt heute als freier Autor, Übersetzer und Lektor in der »Klause der Weißen Wolken« in Südfrankreich. Bei dtv erschien von ihm der Band ›Chinesische Weisheiten‹.

Klosterweisheiten

Herausgegeben von
Stephan Schuhmacher

Deutscher Taschenbuch Verlag

Von Stephan Schuhmacher
ist im Deutschen Taschenbuch Verlag erschienen:

Chinesische Weisheiten (34124)

*Dem Arbor Verlag (www.arbor-verlag.de)
danken wir für die freundliche Genehmigung,
Texte kostenfrei abdrucken zu dürfen.*

Originalausgabe
September 2005

www.dtv.de

Umschlagkonzept: Balk & Brumshagen
Umschlagfoto: Kloster Fontevraud, Maine-et-Loire, Frankreich
(© Corbis/Sandro Vannini)
Fotos innen: © mauritius images, Bildnachweis siehe Seite 160
Satz: Greiner & Reichel, Köln
Gesetzt aus der Trump Mediäval 9,3/11,6
Druck und Bindung: Druckerei C.H. Beck, Nördlingen
Gedruckt auf säurefreiem, chlorfrei gebleichtem Papier
Printed in Germany · ISBN 3-423-34219-6

Inhalt

Einführung

In Wirklichkeit ist das eigene Herz das Kloster, aber das haben wir noch nicht erkannt. Deshalb brauchen wir ein äußeres Kloster zur Erinnerung an das innere Kloster.
Mata Amritanandamayi

Wir Menschen sind, um das Gleichnis eines der großen Weisheitsbücher der Menschheit zu benutzen, Nachfahren und Erben von Adam und Eva. Und damit sind wir Erben des Sündenfalls: Auch wir haben vom Baum des »Wissens um Gut und Böse« gegessen und sind damit aus dem paradiesischen Zustand der Einheit abgestürzt in ein dualistisches Bewusstsein, das uns in einer Welt der Gegensätze leben lässt: Gut und Böse, Geist und Materie, heilig und profan und endlos so weiter. Ganz mit diesem *relativen* Aspekt der Wirklichkeit identifiziert, haben wir den *absoluten* Aspekt der Wirklichkeit unserer selbst und der Welt – das, was im Buddhismus die »natürliche Große Vollkommenheit« genannt wird – aus dem Blick verloren und weitgehend vergessen.

Doch eine rudimentäre Erinnerung an das Paradies, aus dem wir vertrieben wurden, bleibt, eine tiefe Ahnung, dass ein Leben in der Glückseligkeit der natürlichen Großen Vollkommenheit »im Grunde« unser Geburtsrecht ist. Also suchen wir nach dem Glück. Doch, und das ist die große Tragödie der Menschheit, wir suchen das Glück, und zwar das ewige Glück, die Glückseligkeit, am falschen Ort oder, genauer gesagt, in der falschen Dimension der Wirklichkeit. Wir hoffen, das Paradies auf *Erden*, also in dieser relativen

Kreuzgang im Kloster San Juan de la Pena, Pyrenäen, Spanien

Welt der Dualität, wiederfinden zu können, in Reichtum, Macht, Sex, Ansehen, Wellness und so weiter. Und manchmal glauben wir sogar, es in einer dieser Erscheinungsformen gefunden zu haben.

Doch das Leben, ein ständiger Prozess des Wandels, führt uns dann bald vor Augen, dass alle Dinge und Erscheinungen, an denen wir unser Glück glauben festmachen zu können, vergänglich sind. Wir erfahren das, was der Buddhismus *Dukkha* nennt, »Leiden«, und dies ist nicht nur das offensichtliche Leiden an »Alter, Krankheit und Tod«, sondern auch das subtilere Leiden des Ungenügens aufgrund der Tatsache, dass in dieser Welt offenbar nichts zu finden ist, das uns *wirklich* und dauerhaft glücklich machen kann. Und der Weg zurück ins Paradies und zum Baum des Lebens scheint uns von den »Cherubim mit dem flammenden, blitzenden Schwert« verstellt.

Das Glück, die »Lust«, nach der wir suchen, will (wie Nietzsche sagt) »tiefe, tiefe Ewigkeit« – und eben das gibt uns einen Hinweis darauf, wo es vielleicht doch zu finden ist. Denn »Ewigkeit« ist nicht etwa eine unendlich lange Zeit, sondern genau das *Gegenteil* von »Zeit«. Glückseligkeit ist, wenn überhaupt, nur im Zeitlosen zu finden, in dem, was ungeboren und somit auch todlos ist, in jener absoluten Wirklichkeit, die, wie Laozi sagt, unbenennbar ist, die kein »Bildnis noch irgendein Gleichnis« zu fassen vermag und für die der Mensch, um das Ziel seiner tiefen Sehnsucht nach Rückbindung an das, was er »im Grunde« ist, irgendwie benennen zu können, so viele Namen gefunden hat: Gott, Dao, Brahman, Buddha-Natur, Jahwe, Allah, Große Vollkommenheit und so weiter.

Nun gibt es offenbar zu allen Zeiten und in allen Kulturen Menschen, die ihre grundlegende Identität mit dieser absoluten Dimension der Wirklichkeit erfahren und verkörpert haben und die nicht nur in ihren Worten, sondern auch in ihrem Lebenswandel Zeugnis davon abgelegt haben, dass es möglich ist, die absolute Dimension, das Königreich Gottes, »inwendig in uns« zu finden. Es sind dies nicht nur die Religionsstifter, sondern zahllose Weise und Heilige, Mystiker und Erleuchtete, darunter ebenso Weltbekannte wie Menschen, die von anderen nie als solche erkannt worden sind. Und ihre frohe Botschaft ist, dass das, was sie – Menschen wie ein jeder von uns – inwendig in sich entdeckt haben, ein jeder von uns auch in sich selbst aufdecken kann.

Irgendwann, wenn das Ungenügen, das Leiden eines Menschen an der Welt, groß genug geworden ist, beginnt er auf die in den heiligen Schriften, den Zeugnissen der Mystiker und Erleuchteten enthaltene Verheißung aufmerksam zu werden. Und seine tief vergrabene und doch nicht ganz auszurottende Erinnerung an das, was er in seinem eigenen Urgrund ist, sagt ihm, dass diese Verheißung glaub-würdig ist. Vielleicht hat er auch das große Glück, einem Verwirklichten zu begegnen und in der Präsenz und im Lebenswandel eines solchen Meisters ein Beispiel für die Möglichkeit der Wiederentdeckung des Paradieses, der Aufdeckung des Königreiches in uns zu erkennen. So mag ein Glaube in ihm wachsen, der mehr ist als ein blindes Für-wahr-Halten, der vielmehr die Qualität des intuitiven Erfassens eines bereits vorhandenen, wenn auch noch weitgehend überdeckten tiefen Wissens, einer Gewissheit hat.

Aus dieser ahnenden Gewissheit eines Menschen, dass es noch eine andere, bisher übersehene, nicht von ihm verwirklichte und ungelebte Dimension der Wirklichkeit gibt, die ihm aber offen steht und die unendlich viel kostbarer ist als all die vergänglichen Befriedigungen, die die Welt der Erscheinungen zu bieten hat, erwächst eine Art Überdruss an der Welt, oft begleitet von dem Wunsch, aus der Welt zu fliehen, ein Leben in Zurückgezogenheit und Stille zu führen. Denn wir beginnen zu ahnen, dass es gerade unsere ausschließliche Identifikation mit der relativen Dimension der Wirklichkeit und unser Hängen an den »weltlichen Dingen« sind, die den Schatz in unserem eigenen Keller, unsere wahre Wirklichkeit, unsere natürliche Große Vollkommenheit überdecken. So werden wir zu Schatzsuchern, zu »Suchenden«. Uns wird klar, dass wir, um diesen Schatz heben und wahrhaft glücklich sein zu können, all das beiseite schaufeln müssen, was ihn verdeckt. Wir müssen uns des Haftens an den weltlichen Dingen entledigen und vor allem dessen, was dieses Haften ständig neu hervorbringt und perpetuiert: unseres Ego-Ich.

Dieses Ego-Ich, das sich als Subjekt erfährt, welches einer Welt von Objekten gegenübersteht, ist durch und durch dualistisch in Wahrnehmung, Fühlen und Denken, es ist sozusagen das Endprodukt des Sündenfalls. Wenn wir den Sündenfall aufheben, die Subjekt-Objekt-Spaltung transzendieren und ins Paradies zurückkehren wollen, müssen wir uns den Cherubim am Eingang zum Garten stellen und unter den Hieben ihrer blitzenden Schwerter sterben oder, wie es im Buddhismus heißt, unsere Verblendung vom Schwert der Weisheit durchschneiden lassen. Aus diesem Grunde ist in allen spirituellen Traditionen von der Notwendigkeit des »Großen Todes« die Rede: Der ganz der relativen Dimension angehörende Jesus in uns muss sterben, damit der Christus in uns auferstehen und auf ewig beim Vater, dem Absoluten, sein kann. »Du musst einmal auf dem (Meditations-)Kissen sterben«, heißt es im Zen, und die Sufis sagen ebenso wie einige christliche Mystiker: »Stirb, bevor du stirbst.«

Das Ich oder das dualistische Wahrnehmen, Fühlen und Denken sind uns allerdings dermaßen zur Gewohnheit geworden, dass wir uns ihrer nicht so leicht entledigen können, auch wenn wir von der Notwendigkeit dieser Loslösung oder Befreiung überzeugt sind. Oft bedarf es dazu eines langen und schmerzlichen Prozesses der Entwöhnung, und eine Entwöhnung wird leichter, wenn wir von dem, dessen wir uns entwöhnen wollen, einen gewissen Abstand gewinnen und Umstände schaffen können, die es uns ermöglichen, uns ganz auf die große innere Befreiung zu konzentrieren.

Hier kommt nun endlich, nach langer Vorrede, die Funktion des Klosters ins Spiel. Das Kloster, von lateinisch *claustrum*, »abgeschlossener Bereich«, oder auch das *monasterum*, die »Einsiedelei«, ist ein für das große Werk der Verwirklichung unseres tiefsten Potenzials besonders förderlicher Raum. Der eine findet diesen Raum der Abgeschiedenheit in einer Zelle in einem Kloster, andere in einer Einsiedelei oder einer Höhle auf einem Berg. Wenn es die klimatischen Bedingungen zuließen, zogen sich die Suchenden manchmal auch einfach in den Wald oder die Wüste zurück, wo sie unter einem Baum oder gar in einem Erdloch lebten. In dieser Abgeschiedenheit kann sich der oder die Suchende ganz der geistigen Schulung, der Übung jener »Wege« widmen, die sich als besonders effektiv im Kampf gegen das Ich und seine Dämonen erwiesen haben: dem Gebet, der Kontemplation und der Meditation. Dabei kann uns das Leben in einer Gemeinschaft von Gleichgesinnten unterstützen, unsere Weggefährten können uns in Zeiten der Krise und der Anfechtungen beistehen. Und wenn wir großes Glück haben, begegnen wir hier auch einem Menschen, der das, was wir suchen, bereits gefunden hat: einem geistigen Führer, der den Weg kennt, der uns Fingerzeige geben und durch das Beispiel seiner eigenen Verwirklichung inspirieren kann.

Doch auch dort, wo der Abt eines Klosters selbst eher noch ein Suchender als ein Meister ist, kann allein seine durch die Klosterregel definierte Rolle den Mönchen schon helfen, von ihrem Ego-Ich Abstand zu gewinnen. Nach der Klosterregel des hl. Benediktus zum Beispiel ist der Abt im Kloster der Stellvertreter Christi, und die Klosterregel legt den Mönchen völligen Gehorsam gegenüber den Weisungen des Abtes auf, das heißt die Entäußerung des Eigenwillens. Dieselbe Funktion hat etwa die liebende Hingabe auf dem hinduistischen Weg des Bhakti-Yoga oder der Guru-Yoga im tibetischen Buddhismus. Auch wenn der Abt, Meister oder Guru idealerweise ein voll Verwirklichter sein sollte, ist für die innere Transformation des sich spirituell Schulenden der

Akt der Hingabe selbst, der völligen Demut, im Grunde wichtiger als der Stand seines geistigen Führers.

Mit all diesen Hilfen kann der Suchende beginnen, die Tiefen und Untiefen seiner Seele auszuloten, Eigenschaften zu überwinden, die das Aufdecken des Schatzes erschweren, und solche zu entwickeln, die der Verwirklichung förderlich sind, wie etwa Liebe, Erbarmen, Einsicht und Weisheit des Herzens. Dennoch ist der Weg der Rückkehr in den Garten im Allgemeinen steinig und voller Fallgruben, Hindernisse und Anfechtungen. Er ist nichts für Schwächlinge und verlangt große innere Stärke. Nicht umsonst wird der Weg in vielen spirituellen Traditionen als ein ständiger Kampf und der Suchende als ein spiritueller »Krieger« bezeichnet – muss er doch letztlich bereit sein, sein Leben hinzugeben, das Leben jenes Ego-Ich, mit dem er auf der phänomenalen Ebene identifiziert ist.

Doch wenn der Suchende das große Werk unbeirrbar fortsetzt, wenn er fortfährt, den Schutt von Prägungen und Konditionierungen, der den Schatz verdeckt, beiseite zu räumen, bleibt das nicht ohne Konsequenzen. In dem Maße, in dem das Ego-Ich fadenscheiniger und durchsichtiger wird, beginnt der Schatz aus seiner eigenen Tiefe hervorzustrahlen, beginnt der Suchende sich als Findender zu erfahren, dem sich immer mehr das Wunder der Schöpfung erschließt. Aus Ahnungen werden Einsichten, aus Einsichten kleinere und manchmal größere Durchbrüche. Und je deutlicher der Schatz des eigenen wahren Wesens zu Tage tritt, desto deutlicher wird auch, dass die gesamte Suche, der Weg und die spirituelle »Entwicklung«, im Lichte des aufscheinenden Absoluten betrachtet, ein großer Irrtum waren.

Wir haben geglaubt, etwas finden zu können, das wir doch nie verloren hatten. Denn wir waren schon immer das, was wir glaubten, erst *werden* zu müssen. Im Lichte der Erleuchtung, der Taghelle des Erwachens, sieht es nun so aus, als seien alles Suchen, alle Mühen und Kämpfe, alles Streben, alle guten Taten, alles Beten, Kontemplieren und Meditieren völlig unnötig, ja überflüssig gewesen – ein geradezu absurdes Unterfangen, da sie ganz und gar der relativen Dimension, dem Zeitlichen, angehören und alle »Methoden« deshalb nur relative Ergebnisse zeitigen, uns aber niemals zu dem Absoluten und Ewigen »führen« können, das wir ja schon immer waren.

Diese Erkenntnis ist so grundstürzend, dass sie für einen »frommen« Menschen, der Jahre, Jahrzehnte, sein ganzes Leben oder nach Vorstellung mancher Religionen viele Leben, ja vielleicht unendlich viele Leben über ganze Weltzeitalter hinweg seiner »spirituellen Entwicklung«, seinem Fortschreiten auf dem Weg gewidmet hat, nur schwer zu akzeptieren ist. Hier nun sieht sich der aus dem Traum der ausschließlichen Identifikation mit der zeitlichen, der relativen Dimension der Wirklichkeit Erwachende der letzten und größten Herausforderung gegenüber: Um wirklich sein zu können, was er oder sie *ist*, muss auch das noch beseitigt werden, was der muslimische Gelehrte und Mystiker al-Ghazzali den »letzten Schleier« nannte. Alles, was uns bisher erhaben und heilig war, all unsere Vorstellungen von Gott, dem Dao, der Buddha-Natur, von einem Weg, von Tugenden und guten Werken, von Religion und Spiritualität erweisen sich im Licht des absoluten Begreifens als Projektionen unseres mit *allen* seinen Vorstellungen ganz und gar zur Dimension des Relativen gehörenden Geistes.

Bisher haben wir uns, um die Worte des Zen-Meisters Baizhang zu gebrauchen, darum bemüht, »die Verblendung im Unreinen« zu erkennen und es abzutun, das »Profane auszujäten«, um damit das vermeintlich »Reine«, das Heilige aufzudecken. Doch das erweist sich nun als »unvollständige Lehre«, als einseitige und damit dualistische Lehre, eine weitere Ausgeburt des Sündenfalls. Um zu dem zu gelangen, was jenseits aller Dualität wirklich ist, müssen wir nun auch noch »die Verblendung in den reinen Dingen« erkennen und »das Heilige ausjäten«. Wir müssen auch das, was uns bisher noch Halt und Trost und Orientierung gegeben hat, alle noch so erhabene Philosophie, Religion oder Spiritualität hinter uns lassen, so wie ein Reisender nach dem Gleichnis Buddhas das Floß, mit dem er ans andere Ufer gelangt ist, zurücklässt und es sich nicht etwa auf die Schultern lädt, wenn er weiter geht und in die Berge aufsteigt.

Zu den »falschen« Vorstellungen, die wir zurücklassen müssen, gehört auch, mit den Worten von Meister Eckehart, der Gedanke: »Mir wird kein Trost, wenn ich nicht da oder dort sein, nicht dies oder das tun kann. Ich muss in der Einsamkeit, in einer Klause oder einem Kloster leben.« Um in der offenen Weite des Absoluten leben zu können, dürfen wir uns nicht mehr in einen »abgeschlossenen Bereich« zurückziehen, wir müssen erkennen, dass das wirkliche »Kloster«, wie die indische Heilige Mata Amritanandamayi (Ammaji) sagt, schon immer unser eigenes »Herz« gewesen ist, unser wahres Wesen, das mit dem von nichts und niemandem geschiedenen Absoluten identisch ist. Hier stehen wir in völligem All-ein-Sein, »leer und ledig aller Dinge«, wie Meister Eckehart sagt, und sogar »Gottes quitt und ledig«.

Doch indem wir die letzte Wirklichkeit klar erkennen oder vielmehr *sind*, denn dies ist kein »Wissen«, keine intellektuelle Leistung eines Erkennenden, nicht einmal eine »Erfahrung«, denn die verlangen ja wieder ein erfahrendes Subjekt und damit eine Subjekt-Objekt-Spaltung, sind wir in den Garten zurückgekehrt und haben vom *Baum des Lebens* gegessen. Es wird offenkundig, dass, wie das buddhistische »Herz-Sutra« sagt, »Form nichts anderes ist als Leere und Leere nichts anderes als Form«. Das Relative und das Absolute sind ganz und gar identisch! Und das heißt nicht nur, dass alle »weltlichen Dinge« leer und nichtig sind, sondern auch, dass sie *zugleich* nichts anderes sind als eine Manifestation der absoluten Wirklichkeit und mit dieser ebenso identisch wie die Welle mit dem Ozean. »Die Welt wird durch Erleuchtung wirklich«, sagte der japanische Zen-Meister Dogen Zenji, und einige Jahrhunderte vor ihm warnte der chinesische Chan-Meister Huangbo: »Wenn du Buddha (die absolute Wirklichkeit) für eine reine, strahlende oder erleuchtete Erscheinung hältst, die Lebewesen aber für üble, dunkle und todgeweihte Gestalten, so werden dich diese Vorstellungen, die aus deinem Haften an Formen entstehen, von der höchsten Erkenntnis fern halten.«

Jede Unterscheidung von »heilig« und »profan«, jedes dualistische Unterscheiden von »Gut« und »Böse« ist durch das vollkommene Erwachen transzendiert. Alle Dinge und wir selbst sind, genau so, wie sie sind und wie wir sind, die natürliche Große Vollkommenheit. Allerdings gibt es zahllose Wesen, Erben des Sündenfalls wie wir, die das noch nicht verwirklicht haben und die deshalb an der Welt leiden. So ist die Reise des Erwachten, wie die »Zehn Stierbilder« des Zen, die die Stationen dieses Weges versinnbildlichen, zeigen, auch hier noch nicht beendet. Der letzte Schritt besteht vielmehr darin, dass er »den Markt mit offenen Händen betritt«, und selbst ein Weiser vermag keine Spur der »Heiligkeit« mehr an ihm zu erkennen, so vollkommen natürlich ist er geworden: »Er geht seinen Weg und folgt nicht den Schritten früherer Weiser. Er kommt mit der Weinflasche auf den Markt und kehrt mit seinem Stab in seine Hütte zurück. Schankwirte und Fischhändler führt er auf den Weg, ein Erwachter zu werden.«

Denn auch der »Weg«, so relativ die Vorstellung einer Entwicklung in der Zeit ist, ist auf dieser Ebene und in seiner Identität mit dem Ziel ganz wirklich ... und ebenso sind die relativen »Methoden« wie Gebet, Kontemplation und Meditation auf dieser Ebene, auf der sich unser Menschenleben nun einmal abspielt, ganz wirklich, gültig, hilf- und segensreich. Wer sie als unnötig und sinnlos abtut, ist in die »Falle der Leere« getappt, wieder dem einseitigen, dualistischen Denken anheim gefallen und damit ins Sündenfallbewusstsein zurückgekehrt. Der große buddhistische Weise Nagarjuna sagt über solche Menschen: »Es ist traurig, Menschen zu sehen, die irrtümlich an eine materielle, konkrete Realität glauben. Aber noch bedauernswerter sind jene, die an die Leere glauben.«

Wer wirkliche Erwachte in ihrem Wirken »in der Welt, aber nicht von der Welt« beobachten durfte, der hat erfahren, mit welch schier unermüdlichem Einsatz all ihrer Kräfte sie Tag für Tag zum Wohle aller Lebewesen wirken. Und solange sie das im Vehikel eines menschlichen Körpers tun, unterliegen sie als menschliche Wesen den Gesetzen dieses menschlichen Lebens. Das heißt, dass auch ihre Kräfte schwinden können, und so mag es sein, dass sie sich gelegentlich wieder in ein Kloster oder eine Einsiedelei zurückziehen, um in der stillen Meditation ihre Batterien neu aufzuladen. Diese Einkehr in das *claustrum* ist dann keine Flucht vor der Welt mehr, sondern eine Art Ruhepause. Es gibt allerdings auch Erwachte, die sich für den Rest ihres Lebens in ein Kloster oder eine Einsiedelei zurückziehen oder die, ob sie nun im äußeren oder inneren Kloster weilen, nie auf dem »Markt« in Erscheinung treten. Doch indem sie in der Zurückgezogenheit den endlosen Weg der Vertiefung ihres Erwachens weiter beschreiten, wirken auch sie, die sie um ihre grundlegende Untrennbarkeit von allen fühlenden Wesen wissen, auf unsichtbare, aber überaus fruchtbare Weise weiter zum Wohle aller Wesen.

So können Kloster und Einsiedelei denn als Orte der Zuflucht, der geistigen Schulung, der Meditation, der Erleuchtung und Gotteserfahrung und des Wirkens zum Wohle aller zu allen Zeiten und in allen Stadien des Weges, der immer schon das Ziel war und ist, ihre segensreiche Funktion haben.

Stephan Schuhmacher
in der Klause der Weißen Wolken

Das Ungenügen

Getrieben von der Sehnsucht
durchstreifte ich die Straßen von Gut und Böse.
Was habe ich gewonnen? Nichts!
Das Feuer der Sehnsucht wuchs nur noch mehr.
Solange das Leben in mir weiteratmet:
Hilf mir, Herr –
Du allein erhörst mein Gebet.
Shaikh Ansari

Jedermann leidet auf die eine oder andere Weise. Ein Führer hat die Probleme eines Führers und ein Arbeiter hat die Probleme eines Arbeiters. Wenn Sie einen Führer auf der Straße vorbeikommen sehen, mögen Sie vielleicht denken: »Er hat einen hohen Rang erreicht, er hat ein komfortables Haus, ein schönes Auto und so weiter. Er muss ein glücklicher Mensch sein.« Aber das ist durchaus nicht der Fall. Dieser Führer leidet. Er befürchtet, seine Position zu verlieren, oder er hat zu viel Arbeit, oder ihn quält das Verlangen, ein Weltenherrscher zu werden, oder seine Familie ist unglücklich und so weiter. Der Arbeiter muss hierhin und dorthin laufen, bekommt die unangenehmsten Arbeiten zugeteilt und erhält nur wenig Lohn. Selbst der Präsident der Vereinigten Staaten macht sich Sorgen um mangelnde Zustimmung, darüber, dass es ihm nicht gelingt, die ganze Welt zu beherrschen und so weiter. Selbst wenn es ihm gelänge, würde er immer noch gequält von dem Verlangen, alles unter Kontrolle zu behalten.

Gibt es eine endgültige Lösung für diese Probleme? Es sieht so aus, als gäbe es in der gewöhnlichen Welt keine Lösung. Sie glauben vielleicht, es würde einen Bettler glücklich machen, wenn Sie ihm eine Million Dollar schenkten. Aber weit gefehlt! Wenn er eine Million Dollar bekommt, dann weiß er vielleicht zu schätzen, dass er nun genug zu essen und anzuziehen hat, aber jetzt wird er zwei Millionen haben wollen. Niemand ist jemals für längere Zeit mit weltlichem Reichtum und Macht zufrieden zu stellen. Das liegt daran, dass weltliche Menschen verblendet sind. Sie wissen nicht, was wahrer Reichtum, authentische Macht und wirklich dauerhafte Befriedigung sind.
Nyoshul Khenpo

Die Menschen sind verstrickt, hinterlistig, verborgen. Aus Furcht vor kleinen Übeln beben sie ängstlich; ist Großes zu fürchten, so werden sie gänzlich verstrickt. Bald fahren sie zu, wie der Bolzen von der Armbrust schnellt: Das nennt man Richter sein über Recht und Unrecht. Bald verharren sie auf etwas wie auf einem beschworenen Vertrag: Das nennt man seine Überlegenheit festhalten. Unaufhaltsam wie das Sterben im Herbst und Winter zehren sie täglich immer mehr ihre Kraft aus. Sie ertrinken in ihren Taten, so dass jede Umkehr für sie unmöglich wird. Sie sind zur Unfreiheit verdammt, wie mit Stricken gebunden; so sind sie eingefahren in ihre alten Geleise. Und ist das Herz dann erst dem Tode nahe, lässt es sich nicht zum lichten Leben wiederbringen. Lust und Zorn, Trauer und Freude, Sorgen und Seufzer, Unbeständigkeit und Zögern, Genusssucht und Unmäßigkeit, Hingegebensein an die Welt und Hochmut entstehen wie Töne in hohlen Röhren, wie feuchte Wärme Pilze erzeugt. Tag und Nacht lösen sie einander ab und tauchen auf, ohne dass die Menschen erkennen, woher sie sprossen.

Genug! Genug! Früh und spät besitzen wir jenes Etwas,

von dem sie in ihrem Entstehen abhängig sind. Ohne jenes Etwas gibt es kein Ich. Ohne Ich gibt es nichts, das sie erfassen könnte. So ist es uns also ganz nahe, wenn wir auch nicht seine Wirkungskraft erkennen können.
Zhuangzi

Ein Sufi begann mitten in der Nacht zu weinen.
Er sagte: »Diese Welt gleicht einem geschlossenen Sarg,
in dem wir gefangen sind und in dem wir durch unsere
Unwissenheit
unser Leben in Wahnsinn und Verzweiflung verbringen.
Wenn der Tod kommt, um den Deckel des Sarges zu lüften,
wird jeder, der Flügel hat, zur Ewigkeit davonfliegen,
die aber keine Flügel haben, werden im Sarg eingeschlossen
bleiben.
Deshalb, mein Freund, tue alles, was du kannst,
um zu einem Vogel auf dem Weg zu Gott zu werden,
bevor der Deckel des Sarges gehoben wird,
tue alles, was du kannst,
um deine Flügel und Federn zu entwickeln.
Attar

Alles Menschliche ist seinem Wesen nach unbeständig, wankend, ungenügend, veränderlich. Unser ganzes Leben dreht sich wie im Kreise und verändert sich bald nach dieser Richtung, bald nach jener, oft an einem einzigen Tag, manchmal schon in einer einzigen Stunde. Eher kann man den unsicheren Winden und den Spuren eines Meeresschiffes und den täuschenden, kurzen Träumen der Nacht und den Sandzeichnungen spielender Kinder vertrauen als dem Glück des Menschen.
Gregor von Nazians

Es lebt der Mensch in Dunkelheit und Staub,
so wie ein Käfer, der im Krug gefangen,
krabbelt den ganzen Tag im Kreis, im Kreis –
doch diesem Krug entflieht er nicht!
Nie kann den Unsterblichen er sich zugesellen,
denn seine Leidenschaften sind unendlich.
Monate, Jahre verströmen wie ein Fluss,
ein Augenblick nur, und er ist ein alter Mann.
Hanshan

Es kam einmal ein Mensch zu mir und sagte, er habe große Dinge hinweggegeben an Grundbesitz, an Habe um dessentwillen, dass er seine Seele rette.

Da dachte ich: Ach, wie wenig und Unbedeutendes hast du gelassen! Es bleibt Blindheit und Torheit, solange du irgendwie auf das schaust, was du gelassen hast.

Hast du dich aber selbst gelassen, so hast du wirklich losgelassen.
Meister Eckehart

Der Strom der Gnade fließt ununterbrochen,
du aber schläfst und nimmst ihn nicht wahr.
Des Schläfers Saum saugt sich mit Wasser voll,
während er selbst im Traum Trugbildern nachjagt,
hierhin und dorthin rennt, kopflos schreit:
»Nur weiter, weiter! Bald *muss* Wasser kommen!«
Nur dieses falsche Denken hindert ihn,
den Zugang zu sich selbst zu finden.
Versessen auf sein »Weiter! Weiter!«,
hat er sich ganz und gar dem Hier entfremdet:
Um eines Hirngespinstes willen
rennt er der Wirklichkeit davon.
Rumi

*Kloster Roussanou,
Meteora, Griechenland*

Nicht einmal hundert Jahre lebt der Mensch,
doch hegt er ständig Kummer wie für tausend Jahre.
Von eigenen Gebrechen kaum erholt,
beladen Kind und Enkel ihn mit Sorgen.
Jetzt muss er nach den Reissetzlingen sehen,
sich dann noch um die Maulbeerbäume kümmern.
Geh doch die Wägsteine ins Ostmeer werfen,
wenn sie zum Grund gesunken erst, weißt du was Frieden ist.
Hanshan

Mensch, willst du weise sein, willst Gott und dich erkennen,
so musst du vorher in dir die Welt-Begier verbrennen.
Angelus Silesius

Was ist das Leben? Es ist das Funkeln eines Glühwürmchens in der Nacht. Es ist der Atem eines Bisons im Winter. Es ist der kleine Schatten, der in den Gräsern wandert und sich bei Sonnenuntergang verliert.
Indianische Weisheit

Der Himmel senkt sich,
er kommt und wird zu Erden:
Wann steigt die Erd' empor,
und wird zum Himmel werden?
Angelus Silesius

Kabir, prahle nicht mit deinem Körper,
diesem Hautsack gefüllt mit Knochen.
Prinzen, die unter Schirmen aus Gold
auf Schlachtrössern einherritten,
liegen nun da von Erde umfangen.
Kabir, prahle nicht
mit deinen schönen Palästen.
Heute oder morgen
wird die Erde dein Lager
und dein Kopf von Gras bedeckt sein.
Prahle nicht mit deinem Glück, Kabir,
und verachte die Verzweifelten:
Dein Schiff ist noch auf hoher See –
wer wüsste um sein Schicksal?
Kabir, prahle nicht
mit deiner Schönheit und Jugend:
Heute oder morgen
musst du sie abstreifen
wie eine Schlange ihre eigene Haut.
Kabir

Keiner der weisen Männer seit dem Altertum
hat uns jemals endloses Leben demonstriert.
Was auch ins Leben kam, geht wieder in den Tod,
muss ganz und gar in Staub und Asche fallen.
Gebeine häufen sich zu einem riesigen Berg,
zu einem Ozean werden die Abschiedstränen.
Was bleibt, sind nichts als leere Namen –
wer entflieht dem Kreislauf von Geburt und Tod?
Hanshan

Jesus sah eines Tages die Welt in der Form einer scheußlichen alten Vettel offenbart. Er fragte sie, wie viele Männer sie gehabt habe. »Ich habe aufgehört, sie zu zählen«, erwiderte sie. Dann fragte er sie, ob jene gestorben oder sie geschieden seien. Sie sagte, sie habe alle umgebracht.

»Was mich wirklich erstaunt«, sagte er, »ist, wie viele Narren sehen, was du getan hast, und dich trotzdem begehren.«
al-Ghazzali

Ein Herze, welches sich vergnügt mit Ort und Zeit,
erkennt wahrlich nicht seine Unermesslichkeit.
Angelus Silesius

Bestünde die Freiheit einzig in der Freiheit der Wahl, so würde sich in der bloßen Tatsache des Wählens unsere Freiheit vollenden. Hier aber ergeben sich zwei Schwierigkeiten. Zunächst muss vor allem unsere Wahl wirklich frei sein – das heißt, in ihr muss sich unser eigenes Sein verwirklichen. In ihr muss sich unsere Beziehung zu anderen freien Wesen verwirklichen. Wir müssen das wählen, was uns in den Stand versetzt, die Fähigkeiten unseres wahren Ich zu erfüllen. Daraus erwächst die zweite Schwierigkeit: Wir setzen nur allzu leicht voraus, dass wir wissen, was unser wahres Selbst sei, und daß wir das wählen, was wir wirklich wählen wollen. In Wirklichkeit wird unsere freie Wahl (wenn auch moralisch zweifellos einwandfrei) nur zu oft von einem seelischen Zwang diktiert, von den übertriebenen Vorstellungen unserer eigenen Wichtigkeit. Unsere Wahl steht zu oft unter dem Befehl unseres falschen Selbst.
Thomas Merton

Wenn du in der Unruhe bist, vermagst du das Licht in deiner Seele nicht zu suchen. Weder das Licht noch die »Ruhe« noch den Frieden findest du im Übermut deiner Seele.
Hl. Isaak

In all den unendlichen Universen und unter allen fühlenden Wesen ist der gemeinsame Faktor, dass sie alle einen Geist besitzen, ein Gewahrsein, eine bestimmte Form von Bewusstsein, die sie von unbelebter Materie unterscheidet. Und bei ihnen allen ist der Geist der Macht der Verblendung anheim gefallen. Der beste Weg, den Wesen zu helfen, besteht darin, die Verblendung durch verschiedene geschickte Mittel und Lehren, die zur Verwirklichung der absoluten Natur des Geistes führen, auszuräumen.

Sobald uns einmal die unauslotbare Weite der Zeit und des Raumes bewusst wird, die unendliche Anzahl der Universen, Wesen und Buddhas, erscheint unser eigenes Leben uns so kurz wie ein Blitzstrahl am Himmel. Nicht nur unser eigenes Leben, sondern auch dieses besondere Universum dauert nur einen kurzen Augenblick, auch wenn es schon seit Milliarden von Jahren existiert, denn im Vergleich zur Unendlichkeit des gesamten Kosmos ist es nur wie eine kurze Sekunde. Diese weite Perspektive wird uns zu einem lebhaften und sehr gegenwärtigen Gewahrsein der Vergänglichkeit und der Kürze unseres Lebens führen. Außerdem werden wir im Lichte der Unendlichkeit die Mängel und die Begrenztheit dieses konditionierten weltlichen Lebens erkennen. Wenn wir uns dieser unendlichen Weite öffnen, werden wir unserer eigenen Begrenzungen, der Übel der konditionierten Existenz und der Vergänglichkeit deutlich gewahr. Wir sehen, wie kurz unser Leben und wie knapp unsere Zeit ist. Wir sehen, wie begrenzt, engstirnig und kurzsichtig unsere gewöhnlichen selbstsüchtigen Bestrebungen sind – angesichts der unendlichen, lichten Leere.
Nyoshul Khenpo

Die Verheißung

Wisst ihr nicht, dass ihr ein Tempel des göttlichen Schöpfers seid?
Und dass sein Schöpfergeist in euch wohnt?
Wer diesen Tempel zerstört, der wird vom Schöpfer zerstört.
Der Tempel ist heilig, und der seid ihr.
1. Korinther 3.16–17

Achte keine Sache gering. Alles ist Träger einer Verheißung, wenn du mit dem Auge der Freude siehst. Gewöhne dich nicht daran, in Begriffen von Anfang und Niedergang zu denken, von Gut und Böse, Licht und Dunkelheit. Lerne, in jedem einzelnen Ding den Anfang *aller* Dinge zu erkennen.
Drukpa Rinpoche

Jeden Augenblick dringt von allen Seiten
der Ruf der Liebe auf uns ein.
Willst du mit uns gehen?
Dies ist nicht die Zeit, zu Hause zu bleiben,
sondern hinauszugehen
und sich selbst dem Garten zu schenken.
Rumi

Im Unterschied findet man weder das Eine noch das Sein, noch Gott, noch Rast, noch Seligkeit, noch Genügen. Sei Eines, auf dass du Gott finden mögest. Und wahrlich, wärest du nur durchaus Eines, so bliebest du auch Eines im Unterschiedlichen, der Unterschied würde dir zu Eins und vermöchte dich nun nicht mehr zu hindern.
Meister Eckehart

Spirituelle Verwirklichung ist das höchste Glück, das man erreichen kann, und daher ist der Preis, den du dafür zahlen musst, auch sehr hoch. ... Nach spiritueller Vollkommenheit zu streben bedeutet, zu sterben und wiedergeboren zu werden.
Mata Amritanandamayi

O Kraft der Weisheit,
umkreisend die Kreisbahn,
alles umgreifend.
Alles, was Leben hat,
wird zu einem Weg hingeführt.
Hildegard von Bingen

Auch wenn die moderne Welt die Naturwissenschaft und Technologie zu einem unvorstellbaren Ausmaß entwickelt hat, gibt es bis heute noch keine Maschine, keinen Trick, keine Pille, die das Leiden beseitigen und dauerndes Glück erzeugen könnte. Doch das Leiden zu beseitigen ist das Anliegen der heiligen Lehre – und es geht dabei nicht nur um die Symptome des Leidens, sondern um dessen Ursache selbst.

Wie kann die Lehre so etwas Edles bewerkstelligen? Der wahre Grund, warum Wesen leiden, ist nicht im Äußeren zu finden, sondern in ihnen selbst. Wir leiden aufgrund unseres Anhaftens, unserer Gier, unseres Zorns, unserer Abscheu, unseres Stolzes, unserer Eifersucht und unserer Verblendung – aller möglicher Geistesgifte. Wahrer Dharma ist deshalb Arbeit am Herzen und am Geist.

Der Geist ist sehr machtvoll: Er kann Leiden erzeugen, aber auch Glück, Himmel und Hölle. Wenn Sie mithilfe der spirituellen Lehren und der Übung Ihre inneren Gifte und Ihre widerstreitenden Gefühle unterwerfen und alle kleingeistige Unwissenheit transzendieren, dann kann nichts mehr Ihr Glück trüben. Doch solange diese Gifte in Ihrem Geist verankert bleiben, werden Sie nirgendwo auf der Welt das finden, was Sie sich am meisten wünschen, nämlich Glück. Wohin Sie auch gehen, ihre eigenen Projektionen und Ihre Verblendung folgen Ihnen.
Nyoshul Khenpo

Im Traume mag einer Wein trinken, und morgens erwacht er zu Tränen und Klage; im Traume mag einer klagen und weinen, des Morgens geht's zum fröhlichen Jagen. Während des Traumes weiß er nicht, dass es ein Traum ist. Im Traume sucht er den Traum zu deuten. Erwacht er, erst dann bemerkt er, dass er geträumt. So gibt es wohl auch ein großes Erwachen, und danach erkennen wir diesen großen Traum.
Zhuangzi

Wär nicht das Auge sonnenhaft,
die Sonne könnt es nie erblicken.
Läg nicht in uns des Gottes eigne Kraft,
wie könnt uns Göttliches entzücken?
Johann Wolfgang von Goethe

O Mensch, schau dir doch den Menschen richtig an: Hat der Mensch doch Himmel und Erde und die ganze übrige Kreatur schon in sich selber und ist doch eine Gestalt, und in ihm ist alles schon verborgen vorhanden.
Hildegard von Bingen

Der Weg zur Freiheit ist so schmal wie die Schneide eines Messers und dazu lang, schwer und mühselig zu durchqueren. So haben es die Weisen wieder und immer wieder bekundet. Doch lasse dich weder von Schwäche noch Misserfolgen zurückhalten. Die Upanischaden sagen: »Stehe auf, erwache und halte nicht inne, bis du das Ziel erreicht hast!« Dann werden wir den Pfad gewiss finden. Der Mensch wird dann Herr sein über Götter und Dämonen.
Vivekananda

Ich habe eine Kraft in meiner Seele, die für Gott durch und durch empfänglich ist. Ich bin des so gewiss wie ich lebe, dass mir nichts so nahe ist wie Gott: Gott ist mir näher, als ich mir selber bin. Mein Dasein hängt daran, dass Gott mir nahe und gegenwärtig ist!
Meister Eckehart

Gottes Botschaft ist immer die gleiche. Aber die Sprachen, in denen das ewige Wort ausgedrückt wird, sind unendlich vielfältig. Vielleicht hörst du die Botschaft in einem Apfelgarten, der in voller Blüte steht. Doch die gleiche Botschaft spricht sich auch in einem Waldbrand aus. Der Unterschied kann erschreckend sein, aber das gleiche Wort immer wieder in neuen Sprachen zu hören, macht aus dem Leben ein herrliches Spiel, ein göttliches Wortspiel.
David Steindl-Rast

Es gibt flüchtige Glücksgefühle, schnell und leidenschaftlich, die vergehen und einen schalen Nachgeschmack hinterlassen, ein starkes Gefühl der Traurigkeit. Es gibt aber auch das ewige Glück, das nie vergeht und in uns weiterleuchtet wie eine einmal entzündete Lampe. Es hat nicht aufgehört zu sein seit dem anfanglosen Beginn der Welten. Willst du dieses Glück entdecken, musst du nur in dich selbst hinabtauchen.
Drukpa Rinpoche

Du brauchst Gott weder hier noch dort zu suchen,
er ist nicht weiter als vor der Tür des Herzens;
dort steht er und harrt und wartet,
wen er bereit findet, dass er ihm auftue und ihn einlasse.
Du brauchst ihn nicht von weither zu rufen;
er kann es kaum erwarten, dass du auftust.
Ihn drängt es tausendmal heftiger nach dir,
als dich nach ihm:
Das Auftun und das Eingehen,
das ist nichts als *ein* Zeitpunkt.
Meister Eckehart

Du bist nicht von den anderen getrennt, nicht in einer tödlichen Einsamkeit gefangen, mit Ängsten und Krankheiten, die nur dich selbst betreffen. Wende dich den anderen zu, lerne die Welt, die dich umgibt, anders zu sehen. Willst du das Glück finden, dann hege harmonische Gedanken für alle Lebensformen, denn du bist Bruder und Schwester aller Kreaturen.
Indianische Weisheit

Kloster Lamayuru, tibetisch-buddhistisches Kloster, Ladakh, Indien

Gott kann uns ebenso wenig entbehren wie wir ihn. Denn selbst wenn es so wäre, dass wir uns von Gott abkehren könnten, so könnte sich doch Gott niemals von uns abwenden.
Meister Eckehart

Komm, komm, wer immer du bist –
Wanderer, Götzenanbeter, der du den Abschied liebst –,
was macht es schon aus?
Dies ist keine Karawane der Verzweiflung:
Komm, auch wenn du deine Schwüre
hundertfach gebrochen hast –
komm, komm und noch einmal komm.
Rumi

Könnte die Seele Gott ganz erkennen, wie es die Engel können, sie wäre nie in den Körper gekommen.

Könnte sie Gott erkennen ohne die Welt, die Welt wäre nie um ihretwillen erschaffen worden.

Die Welt ist gemacht worden, dass der Seele Auge geübt und gestärkt werde, auf dass sie das göttliche Licht aushalten könne.
Meister Eckehart

Gib nie die Hoffnung auf dein Glück auf. Es wartet nicht am anderen Ende der Welt auf dich oder in einem anderen Leben. Es ist dort, wo du dich befindest. Es wartet nur auf den Augenblick, wo du endlich bereit bist, es einzuladen, es zu empfangen. Wende deine Gedanken dem Glück zu. Es reicht, wenn du einfach nur deine Angst überwindest.
Drukpa Rinpoche

Ist denn mein Leben Gottes eigenes Wesen, so muss, was Gott ist, mein sein, und Gottes Sein mein Sein ausmachen, gar nicht anders! Sie leben ewiglich »bei Gott« – als Seinesgleichen! Nicht drunter und nicht drüber.
Meister Eckehart

Begib dich auf Wallfahrt vom Ich zum Selbst, mein Freund ...
Solch eine Wallfahrt verwandelt die Welt in eine Goldgrube.
Rumi

Als der Zen-Meister Baizhang noch ein Kind war, ging er mit seiner Mutter in einen Tempel, um dem Buddha Respekt zu erweisen. Er zeigte auf die Statue und fragte seine Mutter: »Wer ist das?« Seine Mutter antwortete: »Er ist ein Buddha.« Daraufhin sagte der Knabe: »Er hat die Züge eines gewöhnlichen Menschen – später werde ich auch ein Buddha sein.«
Baizhang Huaihai

Die Suche

Es gibt etwas, das wir alle aus Erfahrung über das Herz wissen ... »Ruhelos ist unser Herz.« So drückte Augustinus es aus. Der Kern unseres Wesens ist ein unerbittliches Fragen, Suchen, Sehnen. Selbst das Schlagen des Herzens in meiner Brust scheint lediglich das Echo eines tieferen Hämmerns in mir zu sein, eines Klopfens an eine verschlossene Tür. Noch nicht einmal das ist mir klar: Klopfe ich, um hereinzukommen, oder klopfe ich, um herauszugelangen? Eins aber ist gewiss: Ruhelos ist unser Herz. Und jene existenzielle Ruhelosigkeit ist das, was Religion religiös macht.
David Steindl-Rast

Ebenso wie die Zahl der Wesen unendlich ist, sind es auch die Methoden, die fühlende Wesen zum letzten Ziel führen. Alle diese Lehren sind Hilfen zur Verwirklichung der absoluten Wahrheit, des natürlichen Zustands aller Phänomene, des höchsten Wissens. Aber da verschiedene Wesen verschiedene Fähigkeiten, Neigungen und Strebungen besitzen, gibt es verschiedene Mittel, um sie zum höchsten Begreifen zu führen. Deshalb sollten Sie nicht so engstirnig sein, nur Ihre eigene Religion in Betracht zu ziehen ..., sondern Sie sollten versuchen, sehr offen zu sein und zu erkennen, dass es unendlich viele verschiedene Wesen gibt und unzählige verschiedene Ansätze und Lehren, die zum letzten Ziel führen. Wir sollen eine unendlich weite und geräumige Einstellung haben und für alle Formen der Wahrheit offen sein, für all die

unterschiedlichen Pfade, die Wesen zum letzten Begreifen bringen können.
Nyoshul Khenpo

Erkenne Folgendes: Du selbst bist der Schleier, der dich vor dir verbirgt. Und wisse auch, dass du Gott nicht aus eigenen Kräften erreichen kannst. Du erreichst Ihn durch Ihn. Wenn Gott dir die Gnade gewährt, Ihn in einer Vision zu erreichen, ruft Er dich, Ihn zu suchen, und du wirst es tun.
Junaid

Richtet euren Sinn nur auf eines, entweder auf den persönlichen Gott oder auf den unpersönlichen Gott. Nur wenn ihr beständig seid, könnt ihr Gottes innewerden, sonst nicht. Ist der Verehrer des persönlichen Gottes beständig, so wird er Gottes ebenso gut innewerden wie der des unpersönlichen Gottes. Ob ihr ein süßes Brot der Länge nach schneidet oder der Breite nach, es wird immer süß schmecken. Doch ihr müsst beständig sein, ihr müsst ihn voller Ernst anrufen. Was ihr einmal begriffen habt, daran haltet fest. Taucht tief hinab. Wenn ihr nicht hinabtaucht, werdet ihr keine Schätze auf dem Meeresgrunde finden. Ihr könnt sie nicht erlangen, wenn ihr nur einfach an der Oberfläche des Wassers herumschwimmt.
Ramakrishna

Strahlend und unvergänglich ist die Weisheit des Schöpfers. Sie wird von denen erkannt, die sie suchen und lieben.
Weisheit 6.12

Ich bitte dich, mein Gott, zwar oft um deine Gaben,
doch wisse, dass ich dich viel lieber selbst will haben.
Drum gib mir, was du willst, sei es auch ew'ges Leben:
Gibst du mir dich nicht selbst, so hast du nichts gegeben.
Angelus Silesius

Der Mensch, der ohne Gott auskommt und keinerlei Anstrengung unternimmt, Gott zu erfahren, ist überhaupt kein Mensch. Wäre er hingegen fähig, Gott zu begreifen, so wäre dieser Gott nicht Gott. Der wahre Mensch ist demnach einer, der niemals frei von Gottesstreben ist, der rastlos und unaufhörlich das Licht von Gottes Majestät umkreist. Gott ist Derjenige, der den Menschen verbrennt und zunichte macht, da keine Vernunft ihn zu begreifen vermag.
Rumi

Der Umkreis ist im Punkt,
im Samen liegt die Frucht,
Gott in der Welt:
Wie klug ist, der ihn drinnen sucht.
Angelus Silesius

Wenn der Mensch sich fortkehrt von sich selber und allem Geschaffenen – soweit du das tust, soweit wirst du zur Einheit und Seligkeit gebracht in dem Fünklein Seele, welches mit Zeit und Raum nie zu schaffen gehabt hat. Dieser Funke widersetzt sich allen Kreaturen und will nur Gott, rein wie er in sich selber ist.
Meister Eckehart

Gelingt es dir, dich von sämtlichen weltlichen Sorgen zu
lösen,
wirst du in der Verzückung des Gartens der Ewigkeit leben.
Läuterst du dich mit dem reinen Wasser der
Enthaltsamkeit,
wird sich deines Herzens Trübe in klares Licht verwandeln.
Gelingt es dir, das Haus der Wünsche zu verlassen,
wirst du zum Heiligtum der Herrlichkeit gelangen.
Im Herzen des Ozeans der Einigung bist du
eine Perle, kostbarer als jeder Schatz der Welt.
Hast du genug Mut, nicht im Staub zu kriechen,
kannst du eine Heimat in der Höhe finden.
Stürzt du dich jetzt kopfüber in Andacht,
kannst du alle alten Schulden deines Schicksals tilgen.
Solcherlei Taten sind des wahren Suchers –
die Feuerzeichen derer, die den Weg im Lauf bewältigen.
Rumi

All die verschiedenen Ausdrucksformen und Manifestationen der Suche des Menschen nach ihrem höchsten Gut entstehen aus dem Geist. Die Verblendung des Geistes ist äußerst machtvoll und hat uns sehr stark im Griff. Es ist nicht leicht, diese Verblendung des Geistes aufzulösen, aber das ist das Hauptziel der Dharma-Praxis. Was den ganzen Unterschied zwischen Unwissenheit und Erleuchtung, zwischen Freiheit und Sklaverei ausmacht, ist, ob der Geist verblendet ist oder nicht.
Nyoshul Khenpo

Traurig fürwahr, dass die Menschen das Nahe nicht sehen
und die Weisheit in der Ferne vermuten –
wie jemand, der von Wasser umgeben ist,
und doch laut schreit vor Durst.
Hakuin Zenji

Ein wahrer Sucher muss über alle Freuden und Entzückungen hinausgelangen, die lediglich der Strahl und Abglanz von Gottes Herrlichkeit sind. Er darf nicht zulassen, dass er an derlei Dingen Genüge finde – auch wenn sie von Gott selbst, aus seiner Gnade kommen und das Licht seiner Schönheit ausstrahlen –, denn sie sind nicht ewig. Im Hinblick auf Gott sind sie es zwar, im Hinblick auf den Menschen aber nicht.

Denk an die Sonnenstrahlen, die in ein Haus hineinscheinen: Sie *sind* Strahlen der Sonne und sie *sind* Licht, doch sie gehören der Sonne an und nicht dem Haus. Geht die Sonne unter, zieht sich auch dieses Licht zurück.

Also müssen wir *selbst* zur Sonne werden – dann wird auch alle Angst vorm Dunkel für immer enden.
Rumi

Du suchst das Paradies und wünschest hinzukommen,
wo du von allem Leid und Unfried' bist entnommen.
Befriedige dein Herz und mach es rein und weiß:
So bist du selbst noch hier dasselbe Paradeis.
Angelus Silesius

Alle Welt tut ihr Werk
und begeht Fehler;
aber wenige Liebende sind es,
die den Geliebten kennen.
Der fromme Sucher ist es,
der in seinem Herzen vereint
die Doppelströme von Liebe und Freiheit,
wie sich vereinende Ströme
von Ganges und Jumna.
Tag und Nacht
fließt das heilige Wasser
in seinem Herzen:

Und so endet der Kreislauf
von Geburt und Tod.
Kabir

§

Finde deine Mitte. Aus ihr heraus kannst du dein Leben aufbauen, ein Projekt in Angriff nehmen und verwirklichen. Dieses Zentrum ist die Quelle deines persönlichen Lebens. Es ist wie ein stiller See, der von keiner Leidenschaft bewegt ist. Es ist eine tiefe, spirituelle Stille, die entsteht, wenn das Denken mit seinen Worten und Bildern zum Stillstand kommt. Schöpfe deine Handlungen aus dieser Stille.
Drukpa Rinpoche

§

Der Eine Geist allein ist Buddha, und es gibt keinen Unterschied zwischen Buddha und den fühlenden Wesen, nur dass diese an Formen festhalten und die Buddhaschaft im Außen suchen. Durch eben diese Suche aber verlieren sie sie. Denn sie benutzen Buddha, um den Buddha zu suchen, sie benutzen Geist, um den Geist zu begreifen. Selbst wenn sie Myriaden Jahre lang ihr Äußerstes leisten würden, könnten sie die Buddhaschaft doch nicht erreichen. Sie wissen nicht, dass ihnen in dem Augenblick, in dem sie das begriffliche Denken aufgeben und ihre Unruhe vergessen, Buddha erscheinen wird. Denn dieser Geist ist Buddha, und Buddha ist alle fühlenden Wesen. Er ist nicht kleiner, wenn er sich in gewöhnlichen Dingen manifestiert, noch größer, wenn er sich als Buddha manifestiert.
Huangbo Xiyun

Einkehr zum Leben in der Stille

Befrage die große Stille eines von geheimnisvollem Leben erfüllten Waldes. Was ist diese Stille? Sie wird dir antworten: »Das ist das Große Geheimnis! Seit der Morgendämmerung der Welt ist die heilige Stille seine Stimme.« Wenn du sie fragst: »Was sind die Früchte der Stille?«, wird sie dir sagen: »Herrschaft über sich selbst, wahrer Mut und Ausdauer, Geduld, Würde und Respekt.« Lerne die Stille zu befragen. Sie ist das Land im Inneren, der heilige Raum, in dem dein Geist wurzelt.
Indianische Weisheit

Erinnerungen an Erlebnisse vergangener Zeiten –
von einer Attraktion der Menschenwelt zog ich zur anderen.
Ich freute mich der Berge, erklomm schwindelnde Höhen,
liebte das Wasser und segelte auf tausend Booten;
gab Abschiedsfeste manchem Gast im Lauten-Tal,
brachte die Zither und spielte auf der Papageien-Insel.
Wer hätte gedacht, dass ich nun unter diesen Föhren kauere,
die Knie umklammert in sausender, rauschender Kälte.
Hanshan

Mensch, geh nur in dich selbst. Denn nach dem Stein der Weisen
darf man nicht allererst in fremde Länder reisen.
Angelus Silesius

Wir sind der Welt abgestorben: Was kümmern wir uns noch um sie? Wir sind mit Christus gestorben: Was sorgen wir uns noch um dieses Leben? Wir tragen den Tod Christi in unserem Leibe, damit auch das Leben Christi in uns offenbar werde! Nicht mehr unser altes Leben ist es, das wir ferner noch leben, sondern das Leben Christi, das Leben lauterster Unschuld, das Leben himmlischer Einfalt, das Leben aller Tugenden.
Ambrosius

Wenn du mit schweigender Zunge in die Einsamkeit gehst, wird das Schweigen der stummen Wesen dir etwas von ihrer Ruhe mitteilen. Wenn du aber mit schweigendem Herzen in die Einsamkeit gehst, wird das Schweigen der Schöpfung lauter reden als Menschen- oder Engelszungen.
Thomas Merton

Gott also ist unsere Zuflucht. Er wohnt im Himmel, ist über die Himmel erhoben: Darum müssen wir von hier nach dorthin fliehen, wo Friede ist und Ruhe von allen Mühen und Plagen … Wenn wir aber zu Gott geflohen sind, wie sollten wir dann zur Erde zurückkehren?
Ambrosius

Meditiere über die Heiterkeit des Himmels, die Leichtigkeit der Wolke und halte dich von allem fern, was den Geist überschattet und beschwert. »An der Spitze des Berges hängt eine Wolke, und an der Wolke hängt mein Herz.« So denkt und meditiert ein Wissender der Navajo.
Indianische Weisheit

Jedes Wesen ist gerne an seiner natürlichen, ihm eigenen Stätte. Gottes natürliche, eigene Stätte ist Einheit und Lauterkeit; die aber beruhen auf Abgeschiedenheit. Darum kann Gott nicht umhin, einem abgeschiedenen Herzen sich selber zu geben.
Meister Eckehart

Die späten Jahre widme ich ganz der Stille,
der Welt Geschäfte kümmern mein Herz nicht mehr.
Zurückgewandt in mich selbst, ganz ohne große Pläne,
des Wissens leer, kehre ich wieder in die Heimat.
Wind aus den Föhren lässt die gelöste Schärpe flattern,
der Mond überm Berg leuchtet zu meinem Zitherspiel.
Du fragst mich, wie ich stehe zu Misslingen und Erfolg? –
Des Fischers Lied klingt weit das Flussufer herauf ...
Wang Wei

In Wirklichkeit ist das eigene Herz das Kloster, aber das haben wir noch nicht erkannt. Deshalb brauchen wir ein äußeres Kloster zur Erinnerung an das innere Kloster.
Mata Amritanandamayi

Die Kirschblüten sind gefallen –
zwischen den grünen Zweigen erscheint
der Tempel.
Buson

Die Stille ist das absolute Gleichgewicht von Körper, Geist und Seele. Der Mensch, der die Einheit seines Seins bewahrt, bleibt für immer ruhig und unerschütterlich inmitten der

Buddhistische Mönche im Kloster Wewurukannala, Sri Lanka

Stürme der Existenz. Nicht ein einziges Blatt am Baum bewegt sich, auf der Oberfläche des Teiches glitzert keine Welle – für den Wissenden ist das die ideale Haltung, um durchs Leben zu gehen.
Indianische Weisheit

Seit ich mich einst auf den Hanshan zurückzog,
ernähr ich mich von seinen wilden Früchten.
Ein friedliches Leben, was braucht ich mich zu sorgen,
in dieser Welt nimmt alles seinen vorbestimmten Lauf.
Tage und Monde verströmen unaufhaltsam wie der Fluss,
unsere Lebenszeit – Funken von einem Feuerstein!
Die Welt zu ändern überlass ich euch –
ich sitze stillvergnügt zwischen den Klippen.
Hanshan

Alles gilt dem Weisen gleich;
er sitzt in Ruh und Stille:
Geht es nach seinem nicht,
so geht's nach Gottes Wille.
Angelus Silesius

Die Einsamkeit ist kein Trost, kein Balsam zur Pflege der Wunden, sondern eine Gegenüberstellung mit sich selbst, ohne Hilfestellung durch andere. Lerne schweigen, um dir selbst lauschen zu können, und der Geist der Weisheit wird dir antworten.
Indianische Weisheit

Der Stille tiefer Sinn ist mir im Alter aufgegangen,
drum halte ich mich Tag für Tag der Menschherde fern.
Da ich den Mönch vom abgelegenen Berg erwarte,
habe ich schon mein Häuschen für ihn ausgefegt.
Von seinem Wolkengipfel steigt er bald herab,
kommt mich in meinem grasgedeckten Heim besuchen.
Mit Stroh und Kieferspänen koche ich ein Mahl,
verbrenne Räucherwerk, schmökre in Büchern übers Dao.
Nun brennt die Lampe, und das Tageslicht verblasst,
die Tempelglocke kündet mir den Abend,
als plötzlich ich erkenne, dass Stille wahrhaft Freude ist
und dieses Leben unbemessene Muße hat.
Wie ich mich danach sehne, endlich heimzukehren,
die Welt des Ich ist doch nur leerer Schein.
Wang Wei

Geistige Schulung

Wasch aus dein Herzensfass: wenn Hefe drinne sei,
so gießet Gott nimmermehr dir seinen Wein darein.
Angelus Silesius

Entledige dich nach und nach deiner Gewohnheiten, der Automatismen, der üblen Launen, die den Geist entzweien und überschatten.
Drukpa Rinpoche

Der erste Schritt zur Demut ist Gehorsam ohne zu zögern. Es ist die Haltung derer, denen die Liebe zu Christus über alles geht. Wegen des heiligen Dienstes, den sie gelobt haben, oder aus Furcht vor der Hölle und wegen der Herrlichkeit des ewigen Lebens darf es für sie nach einem Befehl des Oberen kein Zögern geben, sondern sie erfüllen den Auftrag sofort, als käme er von Gott. Von ihnen sagt der Herr: »Aufs erste Hören hin gehorcht er mir.« Und ebenso sagt er den Lehrern: »Wer euch hört, hört mich.« Daher verlassen Mönche sofort, was ihnen gerade wichtig ist, und geben den Eigenwillen auf. Sogleich legen sie unvollendet aus der Hand, womit sie eben beschäftigt waren. Schnellen Fußes folgen sie gehorsam dem Ruf des Befehlenden mit der Tat. Mit der Schnelligkeit, die aus der Gottesfurcht kommt, geschieht beides rasch wie in einem Augenblick: Der ergangene Befehl des Meisters und das vollbrachte Werk des Jüngers. So drängt sie die Liebe, zum ewigen Leben voranzuschreiten.

Deshalb schlagen sie entschlossen den engen Weg ein, von dem der Herr sagt: »Eng ist der Weg, der zum Leben führt.« Sie leben nicht nach eigenem Gutdünken, gehorchen nicht ihren Gelüsten und Begierden, sondern gehen ihren Weg nach der Entscheidung und dem Befehl eines anderen. Sie bleiben im Kloster und haben das Verlangen, dass ein Abt ihnen vorstehe. Ohne Zweifel folgen sie auf diesem Weg dem Herrn nach, der sagt: »Ich bin nicht gekommen, meinen Willen zu tun, sondern den Willen dessen, der mich gesandt hat.« Ein Gehorsam dieser Art ist nur dann Gott angenehm und für die Menschen beglückend, wenn der Befehl nicht zaghaft, nicht saumselig, nicht lustlos oder gar mit Murren und Widerrede ausgeführt wird. Denn der Gehorsam, den man den Oberen leistet, wird Gott erwiesen; sagt er doch: »Wer euch hört, hört mich.« Die Jünger müssen ihn mit frohem Herzen leisten, denn Gott liebt einen fröhlichen Geber. Wenn aber der Jünger verdrossen gehorcht, also nicht nur mit dem Mund, sondern auch im Herzen murrt, so findet er, selbst wenn er den Befehl ausführt, doch keinen Gefallen an Gott, der das Murren seines Herzens wahrnimmt. Für solches Tun empfängt er keinen Lohn, sondern verfällt der Strafe der Murrer, wenn er nicht Buße tut und sich nicht bessert.
Die Klosterregel des hl. Benedictus

Kultiviere in dir selbst einen Enthusiasmus, eine Gewissheit, wie der Seemann, der auf dem aufgewühlten Ozean den Kurs hält, ohne die Hoffnung aufzugeben, sein Ziel, den Ort seiner Bestimmung zu erreichen.
Drukpa Rinpoche

Wir werden nicht zu Heiligen, indem wir versuchen, dem Stofflichen zu entfliehen. Geistig zu leben heißt, das Leben in seiner Ganzheit zu vergeistigen, so dass die Funktionen

des Leibes durch die Seele geheiligt sind und die Seele geheiligt ist, weil Gott in ihr wohnt und handelt. Wenn wir so leben, sind die Funktionen des Leibes durch Gott selbst auf Gott hin ausgerichtet und verherrlichen Ihn, und zugleich dienen sie dazu, die Seele zu heiligen.
Thomas Merton

Nasruddin wandte sich an eine große Menschenmenge und rief: »Wollt ihr Wissen ohne Prüfung, Wahrheit ohne Lügen, Vollkommenheit ohne harte Arbeit und Fortschritt ohne Opfer?«

Alle schrien: »Ja!«

»Wunderbar!«, sagte Nasruddin. »Ich auch, und wenn ich jemals herausfinden sollte, wie man das macht, wird es mir ein Vergnügen sein, euch davon in Kenntnis zu setzen.«
Nasruddin

Ein Altvater sagte: »Wir kommen deswegen nicht weiter, weil wir unsere Grenzen nicht kennen und weil wir eine angefangene Arbeit nicht geduldig zu Ende bringen. Ganz ohne Mühe wollen wir in den Besitz von Tugenden gelangen.«
Aussprüche der Wüstenväter

Anfangs wird der Geist noch nicht bereit sein zur Meditation. Er sollte sehr behutsam dafür gewonnen werden. Ein Huhn kannst du nicht fangen, indem du hinter ihm herläufst. Aber wenn du sein Futter zu dir heranholst und das Huhn dann rufst, wird es kommen. Entsprechend renne auch nicht hinter deinem Geist her, um ihn unter Kontrolle zu bringen. Du kannst ihn vielmehr in die Hand bekommen, indem du ihn langsam fragst und behutsam instruierst. Frage deinen Geist: Warum rennst du hinter diesen Dingen (in der

Welt) her? Was hast du davon? Weißt du nicht, dass diese Dinge sich ständig verändern? – So wirst du den Geist zähmen und schließlich von der materiellen Welt zur geistigen Welt hinlenken können.
Mata Amritanandamayi

Was noch ruhig ist, lässt sich leicht ergreifen.
Was noch nicht hervortritt, lässt sich leicht bedenken.
Was noch zart ist, lässt sich leicht zerbrechen.
Was noch klein ist, lässt sich leicht zerstreuen.
Man muss wirken auf das, was noch nicht da ist.
Man muss ordnen, was noch nicht in Verwirrung ist.
Ein Baum von einem Klafter Umfang
entsteht aus einem haarfeinen Hälmchen.
Ein neun Stufen hoher Turm
entsteht aus einem Häufchen Erde.
Eine tausend Meilen weite Reise
beginnt vor deinen Füßen.
Wer handelt, verdirbt es.
Wer festhält, verliert es.
Also auch der Berufene:
Er handelt nicht, so verdirbt er nichts.
Er hält nicht fest, so verliert er nichts.
Die Leute gehen an ihre Sachen,
und immer wenn sie fast fertig sind,
so verderben sie es.
Das Ende ebenso in Acht nehmen wie den Anfang,
dann gibt es keine verdorbenen Sachen.
Also auch der Berufene:
Er wünscht Wunschlosigkeit.
Er hält nicht wert schwer zu erlangende Güter.
Er lernt das Nichtlernen.
Er wendet sich zu dem zurück, an dem die Menge
vorübergeht.

Dadurch fördert er den natürlichen Lauf der Dinge
und wagt nicht zu handeln.
Laozi

Rein wie das feinste Gold,
steif wie ein Felsenstein,
ganz lauter wie Kristall
soll dein Gemüte sein.
Angelus Silesius

Am Geist zu arbeiten ist ein sehr weitläufiges Unterfangen; in der Tat ist dies das Thema der gesamten buddhistischen Lehre. Der Hauptgrund, aus dem der Geist seine verblendenden Leidenschaften und intensiven Gefühle erzeugt, ist unser starkes Festhalten am »*Ich, mich* und *mein*«. Wegen dieses Festhaltens leiden wir, wenn wir nicht alles bekommen, was das »Ich« haben möchte, und wir leiden, weil wir Dinge erfahren, die das »Ich« sich nicht wünscht. Dieses Festhalten am Ego können wir nur dann ganz allmählich auflösen, wenn wir wieder und immer wieder über die illusorische und substanzlose Natur des Geistes, des Ego, des Ich meditieren. Unter all den Methoden, mit denen man dieses Resultat erzielen kann, ist die Meditation der selbstlosen Liebe und des Erbarmens die tiefste.

Wir brauchen zudem Glauben, Hingabe und Zutrauen. Glaube bedeutet nicht, dass wir blind an die Religion glauben, weil unser Lehrer gesagt hat, wir sollten das tun. Glaube ist eine echte und freudige Würdigung der grenzenlosen Eigenschaften der Erleuchtung und erleuchteter Wesen, wie der Buddha eines war, und aller anderen männlichen oder weiblichen Erleuchteten. Er ist die Anerkennung des Unterschiedes zwischen einem vollkommen erwachten, erbarmungsvollen Buddha und einem gewöhnlichen Menschen mit all seinen Problemen. Dieser Unterschied besteht ein-

fach darin, dass der Geist eines Buddhas erleuchtet und frei von Verblendung ist, während der Geist eines gewöhnlichen Menschen verdunkelt ist. Sich völlig über diesen Unterschied klar zu werden und den tiefen Wunsch zu haben, das Gewahrsein und die Weisheit eines Buddhas zu erlangen, das ist es, was wir Glauben nennen.
Nyoshul Khenpo

Ein Mann, der als Schüler angenommen werden wollte, sprach zu Dhu'n Nun: »Ich möchte mehr als alles andere in der Welt in den Pfad der Wahrheit aufgenommen werden.«
Dhu'n Nun antwortete ihm: »Du kannst unsere Karawane nur begleiten, wenn du zuerst zwei Dinge akzeptierst. Das eine ist, dass du gezwungen bist, Dinge zu tun, die du nicht tun willst. Das andere ist, dass es dir nicht gestattet ist, Dinge zu tun, die du tun willst. *Wollen* ist das, was zwischen den Menschen und dem Pfad der Wahrheit steht.«
Dhu'n Nun

Das Ziel aller Religionen ist dasselbe, nur die Ausdrucksweise der einzelnen Lehrer ist verschieden. Die Forderung ist, das falsche Ich abzutöten, auf dass das wahre Ich, Gott, herrsche. »Ich, der Herr, dein Gott, bin ein eifriger Gott, du sollst nicht andere Götter haben neben mir«, sagen die hebräischen Schriften. Gott allein muss uns erfüllen. Wir müssen sagen: »Nicht ich, sondern Du!« Und schließlich sollten wir uns von allem lösen und in Gott eingehen. Es mag ein mühseliges Ringen sein und wir mögen manchmal straucheln. Dann strecken wir unsere Hand nach der All-Mutter aus. Wir können nicht alleine stehen. – Das Leben ist Unendlichkeit. »Dein Wille geschehe!«

Unser verräterischer Geist lehnt sich fortwährend dagegen auf. Dennoch müssen wir es uns wieder und immer wieder vor Augen halten, wenn wir das niedere Selbst besiegen

wollen. Wir können nicht zugleich einem Verräter und Gott dienen. Für alle gibt es Erlösung, nur für den Verräter nicht. Und wir sind Verräter gegen unser eigenes Selbst, wenn wir der Stimme unseres höheren Selbstes nicht gehorchen. Komme, was wolle, wir müssen unseren Körper und Geist dem Höchsten übergeben. »Dein Wille geschehe, wie im Himmel also auch auf Erden. Denn Dein ist das Reich und die Kraft und die Herrlichkeit in Ewigkeit.«
Vivekananda

All Ihre Dunkelheit muss verschwinden. Nicht nur dieser Schmutz, den Sie an der Oberfläche sehen und dessen Sie sich bewusst sind, sondern auch der Schmutz, den Sie nicht sehen können und dessen Sie sich nicht bewusst sind. Wenn Sie also den Reinigungsprozess beginnen und sich ihm in einer Haltung der Hingabe nähern, wird all dieser Schmutz, sichtbar und unsichtbar, manifest und nicht manifest, natürlich herauskommen.
Mata Amritanandamayi

Es war einmal ein Schüler eines griechischen Philosophen, der von seinem Meister den Auftrag erhielt, drei Jahre lang jedem, der ihn beleidigte, Geld zu schenken. Als diese Probezeit vorbei war, sagte der Meister zu ihm: »Jetzt kannst du nach Athen gehen und Weisheit erlernen.«

Als der Schüler nach Athen kam, traf er auf einen Weisen, der am Eingangstor saß und jeden beleidigte, der kam und ging. Er beleidigte auch den Schüler, der sofort anfing zu lachen.

»Warum lachst du, wenn ich dich beleidige?«, fragte der Weise.

»Weil ich drei Jahre lang für so etwas bezahlt habe«, sagte der Schüler, »und du es mir jetzt umsonst gibst.«

»Geh in die Stadt«, sagte der Weise, »alles gehört dir.«

Abbas Johannes pflegte diese Geschichte zu erzählen und dann hinzuzufügen: »Dies ist das Tor Gottes, durch das unsere Väter, hocherfreut über die vielen Leiden, in die Stadt des Himmels gelangten.«
Aussprüche der Wüstenväter

In unserer gesamten Praxis müssen wir unseren Geist ständig weiter, weniger rigide und offener machen. Diese Bemühung zahlt sich in vieler Hinsicht aus. Bei unseren gewöhnlichen Aktivitäten ist unser Geist oft eng und in sich selbst befangen; dann ist es sehr schwierig, irgendein Ziel zu erreichen, eine wirkliche Beziehung herzustellen und eine selbstlose Einstellung anderen gegenüber zu haben. Solche Engstirnigkeit kann nur zu unglückseligen Konsequenzen führen. Wenn wir uns andererseits aufrichtig darum bemühen, unseren Geist zu öffnen, dann werden wir ganz von selbst Mitgefühl, Zutrauen zu den Drei Kostbarkeiten, inneren Frieden und eine reine Wahrnehmung anderer besitzen. Diese Haltung wird nicht nur zu einem glücklichen Leben führen, das frei ist von Widrigkeiten, sondern sie ist ebender Weg zum allmählichen Verständnis der absoluten Wahrheit und der profunden Natur von allem, so wie es ist – auf völlig offene und unkonditionierte Weise. Sowohl in unserer Meditation als auch in den Aktivitäten unseres täglichen Lebens ist es sehr wichtig, dass wir unablässig unseren Geist öffnen und ihn von seiner Begrenztheit befreien, dass wir allmählich Konzepte, mentale Umnachtung, widerstreitende Gefühle und Verblendung transzendieren.
Nyoshul Khenpo

Gute Gedanken sind ein Teil der Verehrung Gottes.
Mohammed

Da du im Grunde in jeder Hinsicht vollkommen bist, solltest du nicht versuchen, diese Vollkommenheit noch durch das Üben der »Sechs Vollkommenheiten« und von unzähligen ähnlichen Übungen sowie durch das Anhäufen von Verdiensten, unzählig wie die Sandkörner im Ganges, zu ergänzen. Wenn die Gelegenheit zur Übung vorhanden ist, so führe diese aus. Wenn die Gelegenheit vorüber ist, so gib Ruhe. Bist du nicht vollkommen gewiss, dass der Geist Buddha ist, sondern hängst du noch an Formen, Übungen und verdienstvollen Taten, dann ist deine Art zu denken falsch und völlig unvereinbar mit dem Weg.
Huangbo Xiyun

Gott liebt nur den, der mit der Weisheit zusammenwohnt. Sie ist schöner als die Sonne und übertrifft jedes Sternenbild. Sie ist strahlender als das Licht der Sonne.
Hildegard von Bingen

Abbas Lot kam zu Abbas Joseph und sagte: »Vater, meinen Fähigkeiten entsprechend halte ich mich an meine kleine Regel, mein kleines Fasten, mein Gebet, meine Meditation und meine kontemplative Stille. Und gemäß meinen Fähigkeiten strebe ich danach, mein Herz von Gedanken zu reinigen. Was soll ich nun noch tun?«

Abbas Joseph erhob sich, streckte seine Hände zum Himmel aus, und seine Finger wurden wie zehn Feuerlampen. Dann sprach er: »Warum nicht ganz zu Feuer werden?«
Aussprüche der Wüstenväter

Die einzige Bedingung für die Auferstehung
ist, erst zu sterben; denn was heißt auferstehen,
wenn nicht »vom Tod ins Leben wiederkehren«?
Die Welt schlägt die ganz andre Richtung ein:
Jeder ist auf der Flucht vorm Nichtsein –
der einzig dauerhaften Zufluchtsstätte.
Wie erringen wir wahres Gewahrsein?
Indem wir dem Wissen entsagen.
Wie nähern wir uns der Erlösung?
Durch Verzicht auf die eigene Erlösung.
Wie können wir zum Sein gelangen?
Indem wir unserem Dasein entsagen.
Wie finden wir die wahre Frucht des Geistes?
Indem wir die Hand nicht ausstrecken
nach der Frucht dieser Täuschung.
Rumi

Leidenschaftslos ist nicht der, der die Leidenschaften nicht spürt, sondern der, der ihnen keinen Raum gewährt. Er besitzt viele und mannigfache Tugenden, sichtbare und verborgene, durch die die Leidenschaften geschwächt werden und sich nicht leicht in der Seele erheben können. Deshalb wird die Seele jederzeit in ihren Gedanken beherrscht vermöge des Bemühens und der Gewohnheit der guten Sitten, die im Geiste durch das Erkennen angetrieben werden. Und wenn die Leidenschaften sich regen und Verwirrung stiften wollen, wird die Seele weit von ihnen entrückt, durch eine sich dem Geiste gewissermaßen aufdrängende Erkenntnis.
Hl. Isaak

Das Licht der Herrlichkeit scheint mitten in der Nacht.
Wer kann es sehn? Ein Herz, das Augen hat und wacht.
Angelus Silesius

Geburt und Sterben, Leben und Tod, Erfolg und Misserfolg, Armut und Reichtum, Würdigkeit und Unwürdigkeit, Lob und Tadel, Hunger und Durst, Hitze und Kälte wechseln in den Ereignissen miteinander ab, wie es dem Gang des Schicksals entspricht. Darum ist es nicht der Mühe wert, durch diese Dinge den inneren Einklang stören zu lassen; man darf sie nicht eindringen lassen in die Behausung der Seele. Wer es vermag, mit diesem inneren Einklang sein ganzes Leben im Voraus zu durchdringen, und seine Freude nie verliert; wer Tag und Nacht ohne Unterbrechung der Welt diese Frühlingsmilde zeigt und so entgegennimmt, was der Zeit entsprechend in seinem Herz-Geist entsteht: der beweist die Völligkeit seiner Naturanlagen.
Zhuangzi

Das Schweigen ist das Mysterium der künftigen Zeit; das Reden aber das Werkzeug dieser Welt.
Hl. Isaak

Kinder, ihr solltet eine Haltung entwickeln, in der ihr euch vor jedem und allem verbeugen könnt. Stellt euren Teller mit der Mahlzeit vor euch hin und verneigt euch vor der Mahlzeit, bevor ihr esst, und verneigt euch nach dem Essen vor dem Teller. Das wird zu der Haltung führen, euch zu jeder Zeit vor allem niederwerfen zu können. Auf diese Weise werdet ihr mehr Achtsamkeit für das entwickeln, was ihr tut … Werft euch vor dem Tuch nieder, das ihr tragen werdet. Verneigt euch vor dem Wasser, mit dem ihr eine Dusche nehmen wollt. Bei dieser Gelegenheit des Sich-Verneigens werdet ihr eine reine Auflösung erleben, so dass ihr in allem dasselbe Bewusstsein zu sehen vermögt, sei es in einer Form oder formlos.
Mata Amritanandamayi

Kreuzgang und Springbrunnen im Bonner Münster

Wer Gott recht finden will,
muss sich zuvor verlieren
und bis in Ewigkeit nicht wieder sehn noch spüren.
Angelus Silesius

Die Schale muss zerbrechen, und das, was darin ist, muss herauskommen. Denn willst du den Kern haben, so musst du die Schale zerbrechen.

Willst du die Natur unverhüllt finden, so müssen die Gleichnisse alle zerbrechen, und je weiter man eindringt, umso näher ist man dem Sein.

Wenn die Seele das Eine findet, in dem alles eins ist, da verharrt sie in diesem Einen.
Meister Eckehart

Glückselig der Mensch, der seine Schwachheit kennt. Denn dies Wissen bildet gleichsam das Fundament und den Anfang allen Gutseins; wenn nämlich einer die eigene Schwäche erkennt und sie in Wahrheit verspürt, bewahrt er dadurch seine Seele vor dem Stolz, der das Erkennen schwächt, und so bildet er sich eine Schutzmauer.
Hl. Isaak

Der Mensch soll aller Dinge und Werke, beides: innerlich und äußerlich, so ledig sein, dass er eine eigene Stätte sein könne für Gott, darin Gott wirken könne.
Meister Eckehart

Wo immer deine Arbeit sein mag, in der Küche, im Kuhstall oder in der Toilette, mache dies zu deinem Tempel ... Wenn man sein Herz und seine Seele in eine Tätigkeit legt, wird sie in eine unermessliche Quelle der Inspiration verwandelt werden.
Mata Amritanandamayi

Wenn du durch deine Lebensführung den Schmutz, der sich in deinem Herzen bildete, entfernt hast, wird dir die göttliche Schönheit aufleuchten, so wie es mit dem Eisen geschieht. Wenn es nämlich durch den Wetzstein vom Rost befreit ist, leuchtet dieses, das eben noch glanzlos war, von selbst und sendet Strahlen und funkelnde Blitze zur Sonne. Dasselbe trifft mit dem inneren Menschen zu, den der Herr das Herz nennt; nachdem der rostige Schmutz von ihm abgewischt ist, der seiner Schönheit wie ein übler Schleim anhaftete, wird er wieder zur Ähnlichkeit mit dem Urbild zurückkehren und gut sein. Denn gut ist, wer einem Guten nachfolgt.
Gregor von Nyssa

Nicht nur wir selbst, sondern zahllose Wesen kreisen hilflos im Teufelskreis der Wiedergeburten. Sie erleiden alle aus demselben Grund viele verschiedene Arten des Leidens. All ihr Leiden rührt von der Verblendung des Geistes her. Wenn wir ein Mittel dagegen finden wollen, so gibt es kein anderes Mittel als die Wahrheit, die im Dharma verkörpert ist – alle anderen Methoden müssen versagen. Das ist auch der Grund, warum alle Religionen darauf hinzielen, das Funktionieren des Geistes zu verstehen und den Geist von seiner Verblendung zu befreien, was sie entweder direkt oder indirekt erreichen. Natürlich gibt es einige Aspekte der Religion, die nicht explizit sagen: »Dies soll insbesondere auf deinen

Geist wirken und deinem Geist wohl tun.« Aber ob sie dies nun direkt oder indirekt zum Ausdruck bringen, der Zweck jeglicher Religion ist es, den Geist von seiner Verblendung zu befreien und Frieden und Glück zu finden.
Nyoshul Khenpo

Du brauchst dich nur loszulösen von allem Klang und aller Form; aber verweile nicht im Losgelöstsein. Und verweile auch nicht in intellektuellem Verstehen – das nennt man Übung. Was das Lesen der heiligen Schriften angeht und das Studium der Lehren, so ist das nach weltlichem Verständnis eine gute Sache. Aber vom Standpunkt eines Menschen betrachtet, der der inneren Wahrheit gewahr ist, erstickt dieses Lesen und Studieren die Menschen.
Baizhang Huaihai

Pflege dich selbst und lass es dir gut gehen, wenn du kannst, denn deine Lebenszeit ist begrenzt und der Tod säumt nicht.
Sirach 14.11–14

Wer das Lernen übt, vermehrt täglich.
Wer das Dao übt, vermindert täglich.
Er vermindert und vermindert,
bis er schließlich ankommt beim Nichtsmachen.
Beim Nichtsmachen bleibt nichts ungemacht.
Laozi

Der Eine Geist ist nicht an begriffliches Denken gebunden und völlig frei von jeder Form. So unterscheiden sich Buddhas und fühlende Wesen in keiner Weise. Könntet ihr euch nur vom begrifflichen Denken frei machen, dann hättet ihr alles erreicht. Wenn ihr Schüler des Weges euch jedoch nicht augenblicklich vom begrifflichen Denken löst, werdet ihr niemals Vollkommenheit erlangen, auch wenn ihr Myriaden von Jahren danach strebt. Verstrickt in die verdienstvollen Übungen der verschiedenen Religionen, wird es euch niemals gelingen, die Erleuchtung zu erlangen.

Die innere Erfahrung des Einen Geistes kann sich aber nach einem kürzeren oder längeren Weg einstellen. Es gibt Menschen, die sich nach dem Hören der Lehre in einem Augenblick vom begrifflichen Denken befreien. Anderen gelingt dies, nachdem sie den zehn Gelübden, den zehn Stufen, den zehn Tätigkeiten und den zehn verdienstvollen Gaben gefolgt sind. Andere erlangen Befreiung, nachdem sie die zehn Stufen der Entwicklung eines Bodhisattvas durchlaufen haben.

Aber ob jemand das begriffliche Denken auf einem längeren oder einem kürzeren Weg überschreitet, das Ergebnis ist ein Zustand des Seins. Es gibt keine fromme Übung oder Handlung, die zu innerer Erfahrung führt. Dass es nichts gibt, das zu erreichen wäre, ist keine leere Rede; es ist die Wahrheit. Auch wird deine Vollendung dieselbe sein, ob du dein Ziel nun in einem einzigen blitzartigen Gedanken erreichst oder nach Durchschreiten der zehn Stufen der Entwicklung eines Bodhisattvas. Da dieser Zustand des Seins keine Abstufungen kennt, bedeutet die andere Methode nur Äonen unnötiger Leiden und Mühen.
Huangbo Xiyun

Leben in der Gemeinschaft

Ein Altvater sagte: »Dies ist die Lebensaufgabe eines Mönchs: Gehorsam und Meditation, andere nicht zu beurteilen, nichts zu verschmähen und sich nicht zu beklagen.«
Aussprüche der Wüstenväter

Um erfolgreich zu sein, brauchen wir großes Vertrauen in die anderen. Allein gelingt uns nichts. Die anderen sind die tausend Arme, die helfen, das Leben jedes Einzelnen zu bauen. Auf diese Weise funktioniert das Universum, von der kleinsten lebendigen Zelle bis hin zu den entferntesten Galaxien. Lerne, das Universum als ein Netzwerk guten Willens zu betrachten.
Drukpa Rinpoche

Soweit es an euch liegt, haltet Frieden mit allen.
Paulus, Römer 12.18

Ein Glück, das wir für uns allein suchen, ist nirgends zu finden; denn ein Glück, das sich verringert, wenn wir es mit anderen teilen, ist nicht groß genug, um uns glücklich zu machen.
Thomas Merton

Der frühe chinesische Zen-Meister Baizhang (Hjakujo) stellte die bis heute gültigen Regeln für das Leben in einem Zen-Kloster auf. Während die buddhistischen Mönche in den Klöstern anderer Schulen der indischen Tradition entsprechend von den Almosen der Laien lebten, sollten die Zen-Mönche sich ihren Lebensunterhalt durch eigener Hände Arbeit sichern. So stellte Baizhang die Regel auf: »Ein Tag ohne Arbeit, ein Tag ohne Essen.« Als der Meister ein hohes Alter erreicht hatte, fürchteten die Mönche in seinem Kloster, die Feldarbeit könnte seine Kräfte überfordern, und sie versteckten deshalb seine Arbeitsgeräte. Da zog Baizhang sich in seine Gemächer zurück und aß nicht mehr. Als die Mönche das sahen, tauchten seine Gerätschaften wieder auf – und Baizhang arbeitete und aß wieder.
Zen-Überlieferung

Es heißt von Abbas Pambo, dass er in der Stunde, in der er dieses Leben verließ, zu den heiligen Männern, die ihm beistanden, sprach: »Seit ich an diesen Ort in der Wüste gekommen bin, meine Zelle gebaut und hier gewohnt habe, kann ich mich nicht entsinnen, Brot gegessen zu haben, das nicht durch meiner Hände Arbeit verdient worden war. Auch erinnere ich mich nicht, bis zu dieser Stunde jemals etwas gesagt zu haben, das mir leid tun müsste. Und so gehe ich zum Herrn als jemand, der nicht einmal damit angefangen hat, Gott zu dienen.«
Aussprüche der Wüstenväter

Jedes Geschöpf ist mit einem anderen verbunden, und jedes Wesen wird durch ein anderes gehalten.
Hildegard von Bingen

Der weise Mensch wendet sich nicht von seinen Brüdern ab. Er betrachtet sie als Teil seiner selbst. Ohne sie wird er zu einem flügellahmen Vogel, zu einem vom Fluss verstoßenen Fisch, der auf dem Ufer erstickt.
Indianische Weisheit

Der Abt, der würdig ist, einem Kloster vorzustehen, muss immer bedenken, wie man ihn anredet, und er verwirkliche durch sein Tun, was diese Anrede für einen Oberen bedeutet. Der Glaube sagt ja: Er vertritt im Kloster die Stelle Christi; wird er doch mit dessen Namen angeredet nach dem Wort des Apostels: »Ihr habt den Geist empfangen, der euch zu Söhnen macht, den Geist, in dem wir rufen: Abba, Vater!« Deshalb darf der Abt nur lehren und bestimmen, was der Weisung des Herrn entspricht. Sein Befehl und seine Lehre sollen wie Sauerteig göttlicher Heilsgerechtigkeit die Herzen seiner Jünger durchdringen. Der Abt denke immer daran, dass in gleicher Weise über seine Lehre und über den Gehorsam seiner Jünger beim erschreckenden Gericht Gottes entschieden wird. So wisse der Abt: Die Schuld trifft den Hirten, wenn der Hausvater an seinen Schafen zu wenig Ertrag feststellen kann. Andererseits gilt ebenso: Hat ein Hirt einer unruhigen und ungehorsamen Herde all seine Aufmerksamkeit geschenkt und ihrem verdorbenen Treiben jede nur mögliche Sorge zugewandt, wird er im Gericht des Herrn freigesprochen. Er darf mit dem Propheten zum Herrn sagen: »Deine Gerechtigkeit habe ich nicht in meinem Herzen verborgen, ich habe von deiner Treue und Hilfe gesprochen, sie aber haben mich verhöhnt und verachtet.« Dann kommt über die Schafe, die sich seiner Hirtensorge im Ungehorsam widersetzt haben, als Strafe der allgewaltige Tod.

Wer also den Namen »Abt« annimmt, muss seinen Jüngern in zweifacher Weise als Lehrer vorstehen. Er macht alles Gute und Heilige mehr durch sein Leben als durch sein Re-

den sichtbar. Einsichtigen Jüngern wird er die Gebote des Herrn mit Worten darlegen, hartherzigen aber und einfältigeren wird er die Weisung Gottes durch sein Beispiel veranschaulichen. In seinem Handeln zeige er, was er seine Jünger lehrt, da man nicht tun darf, was mit dem Gebot Gottes unvereinbar ist. Sonst würde er anderen predigen und dabei selbst verworfen werden. Gott könnte ihm eines Tages sein Versagen vorwerfen: »Was zählst du meine Gebote auf und nimmst meinen Bund in deinen Mund? Dabei ist Zucht dir verhasst, meine Worte wirfst du hinter dich.« Auch gilt: »Du sahst im Auge deines Bruders den Splitter, in deinem hast du den Balken nicht bemerkt.«
Die Klosterregel des hl. Benedictus

§

Erinnern Sie sich daran, dass in der Bibel steht: »Wenn du deinen Bruder nicht lieben kannst, den du gesehen hast, wie kannst du Gott lieben, den du nicht gesehen hast?« Wenn Sie Gott nicht im menschlichen Antlitz sehen können, wie könnten Sie Ihn dann in den Wolken oder in Standbildern aus tauber, toter Materie sehen oder in erdichteten Ausgeburten Ihres Gehirns? Ich werde Sie von dem Tage an religiös nennen, an dem Sie beginnen, Gott in Männern und Frauen zu erblicken. Dann werden Sie begreifen, was es bedeutet, dem Menschen, der deine rechte Wange schlägt, die linke zu reichen. Wenn Sie den Menschen als Gott sehen, wird Ihnen jedes Ding willkommen sein, selbst der Tiger. Was Ihnen auch begegnet, ist einzig und allein der Herr, der Ewige, der Heilige Eine, der uns in verschiedenen Formen erscheint als Vater und Mutter, als Freund und Kind. Diese Formen sind unsere eigene Seele, die mit uns spielt.
Ramakrishna

§

Einer der Brüder kam zu Abbas Silvanos beim Berg Sinai, und als er den Eremiten bei der Arbeit sah, rief er aus: »Warum arbeitest du für Brot, das doch vergänglich ist? Maria hat die beste Wahl getroffen, nämlich zu Füßen des Herrn zu sitzen und nicht zu arbeiten.«

Da sagte der Abbas zu seinem Schüler Zacharias: »Gib dem Bruder ein Buch zu lesen und bring ihn in eine leere Zelle.«

Zur neunten Stunde fragte sich der Bruder, der das Buch las, ob der Abbas ihn wohl jetzt zum Abendessen rufen würde. Kurz nach der neunten Stunde ging er dann selbst zum Abbas und fragte: »Haben die Brüder noch nicht gegessen, Vater?«

»Ja, gewiss doch«, sagte der Abbas, »sie haben gerade zu Abend gegessen.«

»Nun«, entgegnete der Bruder, »warum hast du mich denn nicht gerufen?«

»Du bist ein spiritueller Mann«, sagte der Altvater, »du brauchst diese vergängliche Nahrung doch nicht. Wir müssen arbeiten, aber du hast die beste Wahl getroffen. Du liest den ganzen Tag und kommst ohne zu essen aus.«

Als er das hörte, sagte der Bruder: »Vergib mir, Vater.«

Darauf sprach der Altvater: »Martha ist notwendig für Maria, denn weil Martha arbeitete, konnte Maria gepriesen werden.«

Aussprüche der Wüstenväter

Mein Wille festigt und erreicht seine eigene Mündigkeit durch freies Mitwirken mit dem Willen eines anderen. Schon im Wesen meiner Freiheit ist etwas, was mich treibt, zu lieben, Gutes zu tun, mich anderen hinzugeben. Ein Instinkt sagt mir, dass ich weniger frei bin, wenn ich nur mir selbst lebe. Das liegt darin begründet, dass ich nie vollkommen unabhängig sein kann. Da ich mir nicht selbst genüge,

bin ich für meine eigene Erfüllung auf einen anderen angewiesen. Meine Freiheit ist nicht völlig frei, wenn sie sich selbst überlassen bleibt. Sie wird es erst, wenn sie in die rechte Beziehung zu der Freiheit eines anderen tritt.
Thomas Merton

§

Abbas Pastor sagte: »Wenn drei Mönche zusammenleben und einer von ihnen ständig in schweigendem Gebet verweilt, ein anderer krank ist und dafür dankbar ist, und der dritte sich aufrichtig um diese beiden kümmert, dann sind diese drei gleich, als führten sie dieselbe Arbeit aus.«
Aussprüche der Wüstenväter

§

Der Abt muss bedenken, was er ist, und bedenken, wie man ihn anredet. Er wisse: Wem mehr anvertraut ist, von dem wird mehr verlangt. Er muss wissen, welch schwierige und mühevolle Aufgabe er auf sich nimmt: Menschen zu führen und der Eigenart vieler zu dienen. Muss er doch dem einen mit gewinnenden, dem anderen mit tadelnden, dem Dritten mit überzeugenden Worten begegnen. Nach der Eigenart und Fassungskraft jedes Einzelnen soll er sich auf alle einstellen und auf sie eingehen. So wird er an der ihm anvertrauten Herde keinen Schaden erleiden, vielmehr kann er sich am Wachsen einer guten Herde freuen.

Vor allem darf er über das Heil der ihm Anvertrauten nicht hinwegsehen oder es gering schätzen und sich größere Sorgen machen um vergängliche, irdische und hinfällige Dinge. Stets denke er daran: Er hat die Aufgabe übernommen, Menschen zu führen, für die er einmal Rechenschaft ablegen muss. Wegen des vielleicht allzu geringen Klostervermögens soll er sich nicht beunruhigen; vielmehr bedenke er das Wort der Schrift: »Sucht zuerst das Reich Gottes und

seine Gerechtigkeit, und dies alles wird euch dazu gegeben.« Ein anderes Schriftwort sagt: »Wer ihn fürchtet, leidet keinen Mangel.« Der Abt muss wissen: Wer es auf sich nimmt, Menschen zu führen, muss sich bereithalten, Rechenschaft abzulegen. Er sei sich darüber ganz im Klaren: Wie groß auch die Zahl der Brüder sein mag, für die er Verantwortung trägt, am Tag des Gerichts muss er für sie alle dem Herrn Rechenschaft ablegen, dazu ohne Zweifel auch für sich selbst. Immer in Furcht vor der bevorstehenden Untersuchung des Hirten über die ihm anvertrauten Schafe, sorgt er für seine eigene Rechenschaft, wenn er sich um die der anderen kümmert. Wenn er mit seinen Ermahnungen anderen zur Besserung verhilft, wird er selbst von seinen Fehlern geläutert.
Die Klosterregel des hl. Benedictus

Hast du dich selber lieb, so hast du alle Menschen lieb wie dich selbst. Solange du nur einen Menschen weniger lieb hast als dich selbst, hast du dich in Wahrheit nie selber lieb gewonnen. Hast du aber alle Menschen so lieb wie dich selber, liebst du in einem Menschen alle, und dieser Mensch ist Gott und Mensch. Nur mit diesem Menschen, der sich selber liebt und alle Menschen gleich sich selbst lieb hat, ist es recht bestellt.
Meister Eckehart

Die Seele

Die Seele ist für den Körper, was der Saft für den Baum ist, und ihre Kräfte entfaltet sie wie der Baum seine Gestalt. Die Erkenntnis gleicht dem Grün der Zweige und Blätter, der Wille den Blüten.
Hildegard von Bingen

Kleiner als das kleinste Leben,
größer als die unendliche Weite
atmet die Seele
im geheimen Herzen des Menschen.
Katha-Upanishad

Die Seele ist feuriger Natur. Daher erwärmt sie alle Lebensvorgänge, die sie dem Herzen zuleitet, und kocht sie zur Einheit.
Hildegard von Bingen

Des Menschen Seele
gleicht dem Wasser:
Vom Himmel kommt es,
zum Himmel steigt es,
und wieder nieder

zur Erde muss es,
ewig wechselnd …
Seele des Menschen,
wie gleichst du dem Wasser!
Schicksal des Menschen,
wie gleichst du dem Wind!
Johann Wolfgang von Goethe

Die Seele entstammt der himmlischen Harmonie. Die Seele hat selbst etwas von dieser Musik an sich.
Hildegard von Bingen

Es gibt einen Vogel auf diesem Körper-Baum,
der in des Lebens Ekstase tanzt.
Niemand weiß, wo er ist,
und wer könnte jemals wissen,
was seine Musik bedeutet?
Er brütet dort, wo die Äste dunkle Schatten werfen;
er erscheint im Morgengrauen und fliegt in der Dämmerung
davon,
und er verliert niemals ein Wort über seine Absichten.
Niemand kann mir etwas über diesen Vogel sagen,
der in meinem Blute singt.
Er ist nicht farbig oder farblos,
er hat keine Form oder Silhouette,
er sitzt immer im Schatten der Liebe.
Er lebt im Innern des Unerreichbaren, des Grenzenlosen,
des Ewigen,
und niemand kann sagen, wann er kommt und wann er geht.
Kabir spricht: »Gefährten auf dem Weg,
das Geheimnis dieses Vogels
ist wunderbar und unergründlich.

Seid weise und ringt darum, zu wissen,
wo dieser Vogel sich niederlässt.«
Kabir

Das Tröpflein wird das Meer,
wenn es ins Meer gekommen:
die Seele Gott,
wenn sie in Gott ist aufgenommen.
Angelus Silesius

Ist das Selbst erkannt in seiner Einzigkeit,
im Innern wie im Äußern,
ebenso klar, wie der Unwissende die Welt erkennt,
so ist der Knoten des Herzens zertrennt.
Sri Ramana Gita

Der Mensch stand auf,
entfacht vom Lebenshauch seiner Seele,
und kam zur Erkenntnis der gesamten Schöpfung.
In seiner Geistigkeit und mit herzlicher Liebe
schloss der Mensch alle Welt in seine Arme.
Hildegard von Bingen

Das Feuer erwärmt uns, nicht der Rauch. Das Schiff trägt uns über das Meer, nicht das brandende Meer. Was wir sind, müssen wir in der dunklen Tiefe unseres Wesens suchen, nicht im äußeren Widerschein unserer Handlungen. Unser wahres Ich müssen wir nicht im aufschäumenden Zusammenprall unseres Wesens mit den Wesen rings um uns erkennen, sondern in der eigenen Seele, dem Urgrund all unseres Tuns.

Die Seele aber ist verborgen, unsichtbar. Ich kann sie nicht sehen, sie ist in mir verborgen. Meine eigenen Augen kann ich auch nicht sehen. Sie sind mir zu nah. Sie sind nicht bestimmt, sich selbst zu sehen. Ich weiß, dass ich Augen habe, wenn ich andere Dinge mit ihnen sehe. Jedoch kann ich meine Augen im Spiegel sehen. So etwa spiegelt sich meine Seele in meinem Tun. Was aber im Spiegel sichtbar wird, ist nur der Widerschein dessen, was ich bin, nicht mein wahres Sein. Der Spiegel der Worte und Handlungen offenbart mein Wesen nur zum Teil.
Thomas Merton

Wie der Wind das Feuer zum Entflammen bringt, so bewegt auch die Vernunft die Seele des Menschen und erleuchtet sie. Die Vernunftkraft ist in der Seele gleich wie ein Wind, und sie ist das Licht im Feuer.
Hildegard von Bingen

Zwei Augen hat die Seele:
Eines schaut in die Zeit,
das andere richtet sich
hin in die Ewigkeit.
Angelus Silesius

In allen übrigen Wesen ist Gott als Wesen, als Tätigkeit, als Empfinden, aber nur in der Seele gebiert er sich. Alle Kreaturen sind eine Fußstapfe Gottes, aber die Seele ist in ihrer Natur Gottes Ebenbild.
Meister Eckehart

*Kloster Philosophos,
Arkadien,
Griechenland*

Die Erde ist der lebendige Aufenthalt und das Haus der Seelen; die Seele müsste ja vergehen, wenn dieses Haus zerstört würde. Gott hat das Irdische so eingerichtet, dass es mit der Seele Leben habe und die Seele mit ihm im Leibe sei: ist doch der Leib Erde!
Hildegard von Bingen

Der Himmel ist auch an allen Orten gleich weit von der Erde entfernt. Ebenso soll auch die Seele gleichförmig sein von allen irdischen Dingen, auf dass sie dem einen nicht näher sei als dem anderen, und sie soll sich gleich (fern davon) halten in Liebe und Leid, im Haben und im Entbehren. Was immer es sei, für das soll sie zumal gestorben sein und es gelassen haben und soll ganz und gar darüber erhaben stehen. Der Himmel ist rein und klar ohne alle Flecken, denn den Himmel berühren weder Zeit noch Raum. Die stofflichen Dinge aber haben insgesamt keine Stätte darin. Er ist auch nicht in der Zeit, denn sein Umlauf ist unglaublich schnell, sein Lauf zeitlos, in seinem Laufe aber gründet die Zeit. Nichts hindert die Seele so sehr an der Erkenntnis Gottes wie Zeit und Raum. Zeit und Raum sind Stückwerk, Gott aber ist einer. Soll darum die Seele Gott erkennen, so muss sie ihn über Zeit und Raum hinweg erkennen; denn Gott ist weder dies noch das, wie es diese in der Mannigfaltigkeit stehenden Dinge sind.

Soll die Seele Gott schauen, so darf sie auf kein Ding in der Zeit hinsehen. Denn solange die Seele auf Zeit und Raum oder irgendein Bild dieser Art gerichtet ist, so lange vermag sie Gott nimmer zu erkennen.
Meister Eckehart

Liebe

Die Kräuter bieten einander den Duft ihrer Blüten an, ein Stein strahlt seinen Glanz auf die anderen, und alles, was lebt, hat einen Urtrieb nach liebender Umarmung.
Hildegard von Bingen

Der Prophet lehrte seine Gefährten folgendes Gebet:
O Gott, gewähre mir die Liebe zu Dir und gewähre mir, jene zu lieben, die Dich lieben, und alles zu lieben, was mich Dir näher bringt.
O Gott, lass Deine Liebe mir kostbarer werden, als kühles Wasser es für den Durstigen ist.
al-Ghazzali

Echtes Glück findet sich nur in selbstloser Liebe, einer Liebe, die in dem Maße wächst, in dem sie mitgeteilt wird. Der Mitteilbarkeit der Liebe ist kein Ende gesetzt, darum ist die Glücksmöglichkeit solcher Liebe unbegrenzt.
Thomas Merton

Damit der Liebende von ganzem Herzen den Geliebten empfangen und willkommen heißen kann, bereitet reine Liebe den Geist vor, indem sie alle Feinde der Liebe verjagt.

Die Folge ist ein ständiger Fluss von Liebe vom Herzen des Liebenden dem Geliebten entgegen. Dort herrscht ein unstillbarer Durst, aus dem Geliebten zu trinken, ein unersättlicher Hunger, ihn sich einzuverleiben, und eine grenzenlose Intensität, zur Liebe selbst zu werden.
Mata Amritanandamayi

Wie eine Mutter mit ihrem Leben
ihr Kind, ihr einziges Kind, schützt,
so sollen auch wir mit grenzenlosem Herzen
alle Lebewesen lieben.
Unsere Güte soll das ganze Universum durchdringen,
sich nach oben zu den Himmeln erstrecken
und nach unten in die Tiefen,
nach außen, unbehindert überall hin,
von Hass und Feindseligkeit befreit.
Ob wir stehen oder gehen, sitzen oder liegen,
von Unachtsamkeit frei,
sollten wir stets in dieser Achtsamkeit sein.
Der Buddha im ›Sutra der Liebenden Güte‹

Es ist doch kein Lust und kein Seligkeit,
die übertreffen kann der Liebe Süßigkeit.
Angelus Silesius

Wahrhaftige Liebe ist weder schwach noch blind. Sie ist vom Wesen her klug, gerecht, maßvoll und stark. Solange alle unsere anderen Tugenden sich nicht mit ihr verbinden, ist unsere Liebe nicht echt. Niemand, der einen anderen wahrhaftig lieben möchte, wird willens sein, ihn im Irrtum zu

lieben. Wenn wir andere Menschen überhaupt lieben wollen, müssen wir entschlossen sein, sie richtig zu lieben. Sonst ist unsere Liebe Selbstbetrug.
Thomas Merton

Die Gottesliebe willst du lernen
und kennst nicht einmal das ABC?
Sorge dich nicht; wie der Prophet wirst du
vom Licht der Weisheit überfließen.
Sorge dich nicht, wenn niemand von dir weiß.
Der Herr ist weise und hütet seine Diener
wie einen Schatz, versteckt und sicher,
an dunklen Orten, die nicht jeder kennt.
Würdest du deinen Schatz denn dort verwahren,
wo jeder Dummkopf ihn entdecken kann?
Die Gottesliebe ist ein Feuer,
das alle Hindernisse wegbrennt:
Des Tages Licht verscheucht alle Gespenster.
Er liebt dich; suche nach der Antwort
genau dort, woher die Frage kam.
Rumi

Verwundet bin ich von der Liebe.
Hohelied 2.5

Tadele nicht die Liebe für das Leiden, das sie bringt;
Liebe ist die Königin aller Pfade.
Und das Herz, das nicht vor Sehnsucht wild ist,
ist bereits gestorben, bereits ein Friedhof.
Kabir

Wie unsere menschlichen Verwandtschaften auf diese Weise (indem man den Menschen als Gott sieht) göttlich werden können, so kann unsere Verwandtschaft mit Gott einige der menschlichen Formen annehmen, und wir können ihn als unseren Vater, unsere Mutter, unseren Freund oder unseren Geliebten betrachten. Gott »Mutter« zu nennen ist ein höheres Ideal als ihn »Vater« zu nennen, und ihn »Freund« zu nennen, ist noch höher, doch das Höchste ist, ihn als »Geliebten« zu betrachten.

Die höchste Spitze von alldem ist, zwischen Liebendem und Geliebtem keinen Unterschied zu sehen. Sie erinnern sich vielleicht an die alte persische Geschichte, in der ein Liebhaber kommt und an die Tür der Geliebten pocht. »Wer bist du?«, kommt die Frage. Er erwidert: »Ich bin es!«, und es ertönte keine Antwort. Ein zweites Mal kommt er und ruft aus: »Ich bin hier!« Aber die Tür wird nicht geöffnet. Er kommt zum dritten Male, und die Stimme von innen fragt: »Wer ist da?« Er erwidert: »Ich bin dein Selbst, meine Geliebte!« — und da wird ihm aufgetan.

Genau so ist das Verhältnis zwischen Gott und uns. Er ist in jedem Ding, er ist jedes Ding. Jeder Mann, jede Frau ist der greifbare, lebendige Gott. Wer sagt, Gott sei unbekannt? Wer sagt, man müsse nach ihm suchen? Wir haben Gott ewig gefunden. Wir haben ewig in ihm gelebt. Überall ist er – ewig bekannt, ewig verehrt.

Ramakrishna

Liebe in ihrem lautersten, ganz sich selbst abgelösten Sein ist nichts anderes als Gott.

Meister Eckehart

König, Dieb, Heiliger, Verrückter –
die Liebe packt uns alle beim Genick
und schleift uns Zappelnde zu Gott

auf manchem Schleichweg …
Wie hätte ich's jemals ahnen können,
dass sich auch *Gott* nach *uns* verzehrt?
Rumi

§

Alles Gehorchen der Kreatur war nur ein Verlangen nach dem Kuss des Schöpfers: Und alle Welt empfing den Kuss ihres Schöpfers, da Gott ihr alles schenkte, was sie brauchte. Ich aber, ich vergleiche die große Liebe des Schöpfers zu seinem Geschöpfe und der Geschöpfe zum Schöpfer mit jener Liebe und Treue, mit der Gott den Mann und die Frau zu einem Band zusammengab, auf dass sie schöpferisch fruchtbar würden.
Hildegard von Bingen

§

Liebe geschieht einfach. Niemand denkt darüber nach, wie, wann und wo er lieben soll. Niemand ist bei der Liebe rational. Rationales Denken verhindert die Liebe. Liebe ist ein plötzliches Aufsteigen im Herzen. Liebe ist unausweichliches, unzerstörbares Sehnen nach Einheit.
Mata Amritanandamayi

§

Die Liebe ist geduldig,
sie prahlt nicht und ist nicht eifersüchtig.
Sie sucht nicht nur den eigenen Vorteil,
sie lässt sich nicht verbittern.
Sie glaubt, hofft und erträgt alles.
1. Korinther 13.4–7; 14.1

§

Wahre Liebe lehrt uns, dass Freundschaft etwas Heiliges ist und dass es weder liebevoll noch heilig ist, unsere Freundschaft auf Unwahrhaftigkeit zu gründen. In gewissem Sinne können wir allen Menschen Freund sein, weil es keinen Menschen auf der Welt gibt, mit dem wir nicht irgendetwas gemein haben.
Thomas Merton

Mensch, kommst du ohne Lieb,
so steh nur bald von fern:
Was nicht nach Liebe riecht,
das stinkt für Gott den Herrn.
Angelus Silesius

In einem wahren Suchenden wird die Liebe zu einem Waldbrand, doch sie ist noch intensiver und verzehrender als dieser. Sein ganzes Sein wird mit der Intensität dieses Feuers der Liebe brennen. In diesem leuchtenden Feuer wird er selbst verzehrt, bevor die völlige Verschmelzung beginnt.
Mata Amritanandamayi

Der Mensch, dem das Mysterium der Liebe offenbar wird,
hört auf zu sein, verglüht im Brand der Liebe.
Stell nur ein Talglicht in die grelle Sonne
und sieh: sein Leuchten schwindet in dem Glast.
Das Licht hört auf zu sein und wird zu Licht.
Nichts deutet mehr auf es: Es *selbst* wird Zeichen.
Rumi

Sein Wirken ist unser Lieben. Und diese Liebe ist Gott: In ihr liebt Gott sich selber, seine Natur, sein Wesen und seine Gottheit! In der Liebe aber, in der Gott sich selber liebt, in der liebt er auch alle Kreaturen – nicht als Kreaturen, sondern als Gott: In dieser Liebe, in der Gott sich selber liebt, in der liebt er die ganze Welt ... Gott genießt sich selber in diesem Werke. In der Lust aber, in der er sich selber genießt, in der genießt er auch alle Kreaturen – nicht als Kreaturen, sondern als Gott: In dieser Lust, in der Gott sich selber genießt, in der genießt er die ganze Welt.
Meister Eckehart

Was sollte ein Liebender schon auf dem Weg befürchten,
wenn doch der Ewige sein Weggefährte ist?
Was sollte er trauern, wenn die Seele auszieht,
wenn seiner Seele Gott sein engster Freund ist?
Er ist ein Wanderer; doch bleibt er, wie der Mond,
unwandelbar in seiner ganzen Schönheit.
Wie könnte er jemals auf den Windhauch warten,
wenn er selbst leichter ist als jeder Hauch?
Der Liebende und die Liebe sind nur Eines;
denk sie dir niemals, Seele, als zwei Hälften.
Sind Liebe und Liebender erst einmal eins geworden,
sind beide beides: Gebender und Gabe.
Der Liebende sucht stets nach dieser Fülle,
er gleicht dem Leder, das die Sonne gerbt.
Taucht er ins Meer auf der Suche nach der Perle,
ist er selbst eine Perle, unschätzbar, einzigartig.
Rumi

Die Vernunft ist gut, aber besser ist die Liebe, die uns der Vernunft entreißt. Es kommt nicht darauf an, viel zu denken, sondern viel zu lieben.
Teresa von Avila

Immer ist die wichtigste Stunde die gegenwärtige.
Immer ist der wichtigste Mensch der, der dir gerade gegenübersteht.
Immer ist das wichtigste Tun das Lieben.
Meister Eckehart

Die Gabe der Liebe ist die Gabe, Liebe auszuströmen, darum kommt schenkende Liebe erst zu voller Wirksamkeit im Empfangen. So kann man Liebe nur bewahren, indem man sie verschenkt, und sie lässt sich nur vollkommen verschenken, wenn sie zugleich empfangen wird.
Thomas Merton

Nun hat sich die Frage erhoben, worin denn die Seligkeit am meisten beruhe. Etliche Meister haben gesagt, sie liege in der Liebe, andere, sie liege in der Erkenntnis und der Liebe, und die kommen der Sache schon näher. Wir aber meinen, dass sie weder in der Erkenntnis noch in der Liebe liegt. Vielmehr gibt es ein Etwas in der Seele, aus dem Erkenntnis und Liebe ausfließen, und das erkennt und liebt nicht selber, wie es die Seelenkräfte tun. Wer dieses Etwas erfasst hat, der weiß, worin die Seligkeit liegt. Es hat weder ein Vorher noch ein Nachher und wartet auf nichts, was noch auf es zukommen könnte, denn es kann weder gewinnen noch verlieren. Darum ist ihm auch das genommen: zu wissen, dass Gott in ihm wirkt. Ja, es ist dasselbige Selbe, das sein Selbst genießt nach der Weise Gottes.
Meister Eckehart

Gebet und Kontemplation

Führe mich vom Unwirklichen zum Wirklichen.
Führe mich von der Dunkelheit zum Licht.
Führe mich vom Tod zur Unsterblichkeit.
Brihadaranyaka-Upanishad

§

Ein Mund, der immer dankt, empfängt den Segen des Herrn, und die Gnade Gottes senkt sich in das Herz, das in Dankbarkeit verharrt.
Hl. Isaak

§

O Gott, wenn ich Dich aus Furcht vor der Hölle anbete, so verbrenne mich in der Hölle,
und wenn ich Dich in Hoffnung auf das Paradies anbete, gib es mir nicht,
doch wenn ich Dich um Deiner selbst willen anbete,
so enthalte mir Deine ewige Schönheit nicht vor!
Rabi'a al-Adawiyya

§

Hast du erst einmal Konzentration erreicht, dann bist du in Kontakt mit der inneren Mutter, das heißt mit deinem eigenen Selbst. Sogar dann, wenn du mit dem Namen oder der Form eines Gottes, einer Göttin oder der Mutter meditierst,

meditierst du eigentlich auf dein eigenes Selbst und nicht auf ein äußeres Objekt.
Mata Amritanandamayi

Erhebe dich früh am Morgen, wasche dich mit kaltem Wasser und bringe der Sonne ein Gebet dar mit dem Gefühl der Morgendämmerung im Herzen. Mit dir beginnt die Schöpfung aufs Neue.
Indianische Weisheit

Jeder, der betet, spricht mit Gott. Wie schön es ist, dass der Mensch mit Gott umgehen kann, wissen zwar alle, aber keiner vermag diese Ehre mit Worten zu schildern, denn sie übersteigt noch den erhabenen Zustand der Engel.
Chrisosthomos

Mögen alle fühlenden Wesen sich des Glücks und der
Wurzel des Glücks erfreuen.
Mögen sie alle frei sein vom Leiden und der Wurzel des
Leidens.
Mögen sie nicht getrennt sein von der großen Glückseligkeit ohne jedes Leiden.
Mögen sie verweilen im großen Gleichmut, frei von
Leidenschaft, Zorn und Voreingenommenheit.
Buddhistisches Wunschgebet

Einige Menschen fühlen sich bedroht, wenn von Spontaneität beim gemeinsamen Beten die Rede ist. Sie glauben, dass Spontaneität im Gegensatz zur Struktur steht, und befürch-

ten deshalb, die Stütze zu verlieren, die ihnen die Struktur bietet. Aber Spontaneität passt gut zur Struktur. Ohne Struktur ist Spontaneität unmöglich.
David Steindl-Rast

§

Mit Bergen und Steinen auch
will ich Dich rufen, Herr, o Herr!
Mit Vögeln früh im Morgenhauch
will ich Dich rufen, Herr, o Herr!
Mit Fischen in des Wassers Grund,
Gazellen in der Wüste Rund,
mit Seufzern aus der Stummen Mund
will ich Dich rufen, Herr, o Herr!
Mit aller frommen Zungen Hallen,
mit Turteltauben, Nachtigallen,
mit denen, die Gott lieben, allen
will ich Dich rufen, Herr, o Herr!
Yunus Emre

§

Das Gebet ist ein Tun, das den Engeln wie den Menschen gemeinsam ist, es ist kein Abstand zwischen den beiden Naturen. Es trennt dich von den vernunftlosen Wesen und verbindet dich mit den Engeln.
Chrisosthomos

§

Meditation ist nicht nur ein Dasitzen mit geschlossenen Augen. Sie ist ein Zustand ungebrochener Konzentration, wie ein endloser Strom.
Mata Amritanandamayi

Lass Deinen Wunsch zu meinem Verlangen werden,
lass Deinen Willen zu meiner Tat werden,
lass Dein Wort zu meiner Rede werden,
und lass Deine Liebe zu meinem Bekenntnis werden.
Aus einem Gebet von Hazrat Inayat Khan

Allein eine Kerze anzuzünden ist eins meiner liebsten Gebete. Ich meine damit nicht das Lesen von Gebeten bei Kerzenlicht. Die Kerze anzuzünden ist Gebet. Da gibt es den Klang des aufflammenden Streichholzes, den Geruch des Qualms, nachdem man es ausgeblasen hat, die Art und Weise, in der die Flamme aufleuchtet und dann absinkt, beinahe ausgeht, bis ein Tropfen schmelzenden Wachses ihr die Kraft gibt, zu ihrer richtigen Größe heranzuwachsen und gleichmäßig zu leuchten. All dies und die Dunkelheit um meinen kleinen Lichtkreis ist Gebet. Ich gehe dort hinein, wie man einen Raum betritt. Für dieses Gebet ist mein Alleinsein wesentliche Voraussetzung. Die Anwesenheit nur einer anderen Person würde es völlig verändern. Es würde etwas verloren gehen.
David Steindl-Rast

O Gott, setze Licht in mein Herz
und Licht in meine Seele,
Licht auf meine Zunge,
Licht in meine Augen
und Licht in meine Ohren,
setze Licht zu meiner Rechten,
Licht zu meiner Linken,
Licht hinter mir und Licht vor mir,
Licht über mir und Licht unter mir,
setze Licht in meine Nerven
und Licht in mein Fleisch,

*Kloster Shaolin,
buddhistisches Kloster,
Henan Sheng, China*

Licht in mein Blut,
Licht in mein Haar
und Licht in meine Haut.
Gib mir Licht, stärke mein Licht,
mach mich zu Licht.
Mohammed

Der Zustand des Gebetes ist eine Haltung, die fern ist von der Leidenschaft, indem sie durch die glühendste Liebe den wissenden und geistigen Geist zur Höhe des Erkennens hinaufreißt.
Hl. Nilius

Dein Gebet kann dein Geschick nicht ändern. Doch vielleicht kann es dich selbst verwandeln!
Muhammad Iqbal

Ich will Gott nicht darum bitten, dass er mir gebe; ich will ihn auch nicht dafür loben, dass er mir gegeben hat.

Ich will ihn vielmehr bitten, dass er mich würdig mache zu empfangen.

Und ich will ihn dafür loben, dass er der Natur und des Wesens ist, dass er geben muss.
Meister Eckehart

O Großer Geist, dessen Stimme ich in den Winden und im Atem höre, schenke allen Dingen das Leben – höre mich! … Schenke mir Weisheit, damit ich begreifen kann, was du mein Volk gelehrt hast, und damit auch ich die Lektionen

lerne, die du in jedem Blatt und in jedem Stein verborgen hast. Ich bitte dich um Kraft und Weisheit, nicht auf dass ich meinen Brüdern überlegen sei, sondern um endlich meinen größten Gegner zu bezwingen, mich selbst.
Indianisches Gebet

Alles Denken geht durch eine gewisse sinnenhafte Imagination ins Herz ein; dann erst leuchtet ihm das selige Licht der Gottheit, wenn es sich von allen Dingen zurückgezogen hat und überhaupt nicht mehr bildhaft ist, denn der Glanz des Gotteslichtes offenbart sich dem reinen Geist durch die Abwesenheit aller Gedanken.
Hl. Diadochus

Wer über seine Seele zu jeder Stunde wacht, dessen Herz wird mit Offenbarungen beglückt. Wer sich in seinem Innern zur Kontemplation sammelt, wird den Lichtglanz des Geistes in sich schauen. Und wer jede Erhöhung verschmäht, sieht im Herzen den Herrn.
Hl. Isaak

Zweifel und Anfechtungen

Der Weg zu Gott ist der Verlust des Selbst,
und hinter jedem Dickicht lauert ständig
eine Gefahr, um den Mann, dessen Seele
schwach und zerbrechlich ist wie Glas,
zur Umkehr zu bewegen.
Der Weg der Religion ist voller Qual und Leiden,
weil er kein Weg für Menschen ist
mit feigem Herzen.
Auf diesem Weg werden Menschenseelen
durch tausend Schrecken durchgetrieben –
so wie man siebt und so die Spreu vom Weizen trennt.
Rumi

Du bist dir selbst dein eigener Feind, bist immer wieder die Ursache deiner Niederlagen. In dir liegt eine dunkle Welt, die du nicht kennst. Stelle dich ihr mit den Waffen des Lichts.
Drukpa Rinpoche

Zwischen »Gewiss« und »Jawohl«:
Was ist da für ein Unterschied?
Zwischen »Gut« und »Böse«:
Was ist da für ein Unterschied?
Was die Menschen ehren, muss man ehren.
O Einsamkeit, wie lange dauerst du?

Alle Menschen sind so strahlend,
als ginge es zum großen Opfer,
als stiegen sie im Frühling auf die Türme.
Nur ich bin so zögernd, mir ward noch kein Zeichen,
wie ein Säugling, der noch nicht lachen kann,
unruhig, umgetrieben, als hätte ich keine Heimat.
Alle Menschen haben Überfluss;
nur ich bin wie vergessen.
Ich habe das Herz eines Toren, so wirr und dunkel.
Die Weltmenschen sind hell, ach so hell;
nur ich bin wie trübe.
Die Weltmenschen sind so klug, ach so klug;
nur ich bin wie verschlossen in mir,
unruhig, ach, als wie das Meer,
wirbelnd, ach, ohne Unterlass.
Alle Menschen haben ihre Zwecke;
nur ich bin müßig wie ein Bettler.
Ich allein bin anders als die Menschen:
Doch ich halte es wert,
Nahrung zu suchen bei der Mutter.
Laozi

Nur wer die Verzweiflung kennen gelernt hat, ist wirklich überzeugt, dass er der Gnade bedarf. Wem die Gnade nicht fehlt, der sucht sie auch nicht. Besser ist es, Gott auf der Schwelle der Verzweiflung zu finden, als sein Leben der Gefahr einer Selbstgefälligkeit auszusetzen, die nicht das Bedürfnis nach Vergebung empfunden hat. Ein Leben ohne Erschütterung kann hoffnungsloser sein als eines, das ständig am Rande der Verzweiflung steht.
Thomas Merton

Wer kann meine Krankheit heilen? Ich bin zum Ausgestoßenen geworden. Wo sind Haus und Familie? Kein Weg führt zu ihnen zurück und keiner zu meiner Geliebten. Mein Name und mein Ansehen sind zerschmettert, wie auf den Felsen geworfenes Glas; die Trommel, die einst gute Nachrichten schlug, ist zerbrochen, und alles, was meine Ohren vernehmen, ist der raue Trommelschlag der Trennung.

Ich folgte meiner Geliebten bedingungslos; ihr gehört meine Seele. Wenn sie mir befiehlt: »Werde trunken!«, so gehorche ich, und wenn sie mir sagt, ich solle verrückt werden, tue ich es.

Nizami, Laila und Majnun

Was denn? Glaubst du, dass Glücklichsein allein genug ist und man kein Leiden braucht? In der Schöpfung gibt es alles. Selbst eine kleine Nadel oder ein Grashalm hat seinen eigenen Zweck. Es gibt keine Verschwendung in der Schöpfung. Beobachte genau. Es ist das Leiden, das dich wachsen lässt.

Mata Amritanandamayi

Einbildung und Blendwerk von Angst und Hoffnung
sind hohe Hindernisse auf dem Weg des Pilgers.
Die Bilder dieser Einbildung hemmten selbst
einen wie Abraham, der doch so stark wie ein Berg war.
Selbst dieser Riese, der Weisheits-Perle an Perle
reihte, verfiel so sehr dem Blendwerk dieser Welt
der Bilder und des Wahns, dass er »Mein Herr!«
zu einem bloßen Stern rief.
Wenn solch ein großer Mensch wie Abraham
so leicht vom rechten Weg zu locken ist,
was tut der Wahn dann Esel oder Gans an?
Geister, so stark wie Berge, sind gescheitert

in Bilder-Meeren und Stürmen von Verblendung.
Wenn Berge sogar der Gewalt dieser Flut unterliegen –
was kann dich noch retten außer der Arche der Liebe?
Rumi

Der Gott ist fern.
Die welken Blätter häufen sich
ums verlassene Haus.
Basho

Wie eisig kalt es hier tief im Gebirge ist!
Von alters her, nicht erst in diesem Jahr.
Schartige Gipfel, unter ewigem Schnee erstarrt,
düstere Wälder speien Nebelschwaden.
Gras wächst erst nach der Ährenzeit,
die Blätter fallen schon vor Herbstanfang.
Ein Wanderer hier, tief in Verirrung –
er späht und späht, doch sieht den Himmel nicht.
Hanshan

Wer hätte das verneint! Aus Finsternis kommt Licht,
das Leben aus dem Tod, das Etwas aus dem Nicht.
Angelus Silesius

Ein Beduine wurde gefragt: »Erkennst du den Herrn an?«

Er antwortete: »Wie könnte ich Ihn nicht anerkennen, Ihn, der mir Hunger sandte, mich nackt und arm machte und mich von einem Land zum anderen wandern ließ?«

Und als er dies sprach, fiel er in Ekstase.
Abu Sa'id

Stelle dich jeder Prüfung mit dem Verlangen, dich selbst kennen zu lernen, dich zu verwirklichen. Der Erfolg kommt zu dem, der das Hindernis in ein Freudenfeuer verwandelt, der es als ein Sprungbrett benutzt, um an Begeisterung, an Liebe zu wachsen wie der Krieger Trungpa, der sein Siegeslied anstimmt. Betrachte das Hindernis als einen edlen und großartigen Gegner.
Drukpa Rinpoche

Das Leiden und die Probleme, die man im Leben eines Menschen beobachtet, der versucht, ein wahrer Schüler oder Adept zu werden, beschleunigen tatsächlich dessen Reifungsprozess.
Mata Amritanandamayi

Niemals hat jemand den unendlichen Schatz der Einheit
durch Leiden erlangt.
Doch seltsamerweise hat niemand diesen Schatz
je ohne Leiden gesehen.
Abu Sa'id

Buddhistische Priester halten die Gebote nicht,
die Daoisten trinken nicht ihr Lebenselixier.
Wie viele Weise gab es seit dem Altertum?
Sie alle liegen unter einem grünen Hügel.
Hanshan

Wann wird Golderz zu reinem Gold? Wenn es einem Feuerungsprozess ausgesetzt wird. So wird der Mensch im Laufe der Schulung durch Leiden so rein wie Gold; das ist das Wegbrennen der Schlacke. Leiden hat eine starke befreiende Kraft. Ein Wassertropfen, der auf den Wüstensand fällt, wird sofort aufgesogen; genauso müssen wir werden: nichts und nirgends ... und müssen verschwinden.
Bhai Sahib

Das Hindernis ist die Spiegelung deines eigenen Zögerns, deiner Verwirrung. Benutze das Hindernis, um Klarheit über dich selbst zu gewinnen. Jede Prüfung deines Alltags ist eine Leuchte für deine Seele.
Drukpa Rinpoche

Ein Mann kam zu Shibli und sagte zu ihm: »Was ist das Schwierigste bei der Geduld für jemanden, der schon geduldig ist?«

Shibli sagte: »Die Geduld in Gott.«

»Nein«, sagte der Mann.

Shibli sagte: »Die Geduld für Gott.«

Der Mann sagte: »Nein.«

Shibli sagte: »Die Geduld mit Gott.«

»Nein.«

Shibli wurde wütend und sagte: »Also, verdammt noch mal, was denkst denn du?«

Der Mann sagte: »Die Geduld ohne Gott.«

Shibli entfuhr ein Schrei, der ihn beinahe um seinen Verstand brachte.
Sarraj

Weisheit des Herzens

Das Herz beherrscht den ganzen Organismus, und wenn die Gnade einmal die Weiden des Herzens ergriffen hat, dann regiert sie alle Gedanken und alle Glieder.
Hl. Maximus

Die Quelle meines Leidens und meiner Einsamkeit liegt
tief in meinem Herzen.
Diese Krankheit vermag kein Arzt zu heilen.
Nur die Einheit mit dem Freund kann sie heilen.
Rabi'a

Wenn wir vom Herzen sprechen, lautet das Schlüsselwort »eins«. Herz bedeutet jene Mitte unseres Seins, in der Intellekt und Wille und Gefühle, Geist und Körper, Vergangenheit und Zukunft eins werden. Wenn wir den Punkt entdecken, an dem unser Leben eins wird, dann entdecken wir das Herz. Und darum nenne ich das Herz die »Pfahlwurzel« des ganzen Menschen.
David Steindl-Rast

Abbas Pastor erklärte: »Hast du einen Schrank voller Kleider und lässt sie eine lange Zeit dort, dann werden sie verrotten. Dasselbe gilt für die Gedanken in unserem Herzen. Setzt du sie nicht durch körperliches Handeln in die

Tat um, dann verderben sie nach einiger Zeit und werden schlecht.«
Aussprüche der Wüstenväter

Schätze den Humor nicht gering. Er erfrischt und verhindert das Ausdörren des Körpers und des Herzens. Ohne Humor trägt das Glück keine Früchte. Es ist dann wie ein Baum ohne Vögel, der dem Winter entgegensieht.
Drukpa Rinpoche

Im Innersten unseres Herzens finden wir uns in einem Bereich, in dem wir nicht nur auf das Innigste mit uns selbst, sondern ebenso mit anderen vereint sind, mit allen anderen. Das Herz ist kein einsamer Ort. Es ist der Bereich, in dem Alleinsein und Beisammensein zusammentreffen … Im selben Moment, da wir eins sind mit uns selbst, sind wir mit allen anderen eins. Dann haben wir die Entfremdung überwunden. Und das Herz steht für jenen Kern des Seins, wo lange vor der Entfremdung ursprüngliche Zusammengehörigkeit herrschte.
David Steindl-Rast

Der Mensch sieht mit den Augen, was er durch die Weisheit versteht, und erfasst es durch Hören, Riechen und Schmecken.

Was sich aber in seinem Herzen sammelt, das weiß er durch das Erkennen.
Hildegard von Bingen

Du kennst die Weisheit, die aus der Erkenntnis entspringt; aber du hast noch nicht davon gehört, dass man auch ohne Erkenntnis weise sein kann. Sieh dort die Öffnung in der Wand! Das ganze leere Zimmer wird dadurch erhellt. Wer so ist, bei dem verweilen Glück und Segen, aber sie bleiben nicht auf ihn beschränkt. Von einem solchen mag man sagen, dass er imstande ist, alle Ferne zu durchdringen, während er ruhig an seinem Platz verweilt. Er gebraucht sein inneres Auge, sein inneres Ohr, um die Dinge zu durchdringen, und bedarf nicht verstandesmäßigen Erkennens. Zu einem solchen kommen die Unsichtbaren, um bei ihm Wohnung zu machen, wie viel mehr erst die Menschen. Auf diese Weise vermag man die Welt zu wandeln.
Zhuangzi

§

Weise Männer – ihr habt mich verworfen,
ihr Narren – ich verwerfe euch!
Ich will kein Narr und auch kein Weiser sein,
drum lasst uns fortan nicht mehr voneinander hören.
Im Abenddämmer sing ich für den hellen Mond,
beim Morgengrauen tanze ich mit Weißen Wolken.
Wie könnt ich Mund und Glieder stillehalten,
stocksteif zu sitzen, bis mein Haar sich lichtet?
Hanshan

§

Abbas Pastor sagte: »Halte dich von Menschen fern, die immer nur debattieren, wenn sie reden.«
Aussprüche der Wüstenväter

§

Jener ist wahrhaft weise, der andere durch seine Tat, nicht durch seine Worte belehrt.
Apa Hyperichus

Der höchste Mensch gebraucht sein Herz wie einen Spiegel. Er geht den Dingen nicht nach und geht ihnen nicht entgegen, er spiegelt sie wider, aber hält sie nicht fest. Darum kann er die Welt überwinden und wird nicht verwundet. Er ist nicht der Sklave seines Ruhms; er hegt nicht Pläne; er gibt sich nicht ab mit den Geschäften; er ist nicht Herr des Erkennens. Er betrachtet das Kleinste und ist doch unerschöpflich und weilt jenseits des Ichs. Bis aufs Letzte nimmt er entgegen, was der Himmel spendet, und hat doch, als hätte er nichts. Er bleibt demütig.
Zhuangzi

Der geistige Führer

Die Wesen, wir nicht ausgenommen, sind sehr erfinderisch im Entdecken von Wegen, die nicht eingeschlagen werden sollten. Wenn es aber darum geht, dem Weg zu folgen, der zu Befreiung und Allwissenheit führt, sind wir verwirrt wie Blinde, die in einer baumlosen Steppe herumstolpern.

Ohne die Hilfe eines erfahrenen Kapitäns ist niemand jemals mit Edelsteinen von einer Schatzinsel zurückgekehrt. In ähnlicher Weise ist ein spiritueller Lehrer oder Gefährte unser einziger Führer zur Befreiung und Allwissenheit, und wir müssen mit Ehrfurcht auf ihn hören und ihm folgen. Dies geschieht in drei Phasen: Zuerst prüfen wir ihn, dann folgen wir ihm, und dann nehmen wir uns seine Verwirklichung und sein Verhalten zum Vorbild.
Patrul Rinpoche

Das Selbst kann nicht erkannt werden durch jemanden, der nur in den Schriften bewandert ist, ohne ihren Gehalt verwirklicht zu haben.
Shankara

Einmal kam ein Bruder zu Abbas Theodor von Pherme und bat ihn drei Tage lang um ein weises Wort. Abbas antwortete jedoch nicht, und so ging er traurig davon. Da fragte ein Schüler Abbas Theodor: »Vater! Warum hast du nicht zu ihm gesprochen? Jetzt ist er traurig fortgegangen.«

Worauf dieser erwiderte: »Glaube mir, ich habe kein Wort zu ihm gesagt, weil er ein Worthändler ist und sich mit den Worten anderer nur selbst rühmt.«
Aussprüche der Wüstenväter

Jene, die geistige Worte verkünden, ohne sie selbst zu erleben, gleichen einem Menschen, der in brennender Sonnenhitze durch eine öde Gegend wandert und in seinem heftigen Durst sich eine sprudelnde Wasserquelle malt, wobei er sich selbst als Trinkenden hinzeichnet, indessen seine Lippen und seine Zunge vor lauter Durst austrocknen.
Pseudo-Makarius

Shibli wählte Junaid als Lehrer und sagte zu ihm: »Von vielen Menschen habe ich gehört, dass Ihr ein großer Experte auf dem Gebiet der Perlen des Erwachens und der göttlichen Weisheit seid. Schenkt mir eine dieser Perlen oder verkauft mir eine.«

Junaid lächelte. »Wollte ich dir eine verkaufen, so könntest du sie nicht bezahlen; wollte ich dir eine schenken, dann würdest du sie nicht wertschätzen, weil du sie so leicht erlangt hast. Mache es wie ich: Stürze dich kopfüber ins Meer. Wenn du geduldig wartest, wirst du deine Perle bekommen.«
Junaid

Das gewöhnliche Leben ist wie ein Traum, wie eine Fata Morgana, wie ein Echo. Was wir normalerweise für so ungemein wichtig halten und was wir so bereitwillig glauben, das ist alles illusionär, ohne Substanz und unwirklich. Es wird so leicht zusammengebraut wie unsere nächtlichen Träume.

Deshalb sieht ein erwachtes, verwirklichtes Wesen, das die Verblendung des Geistes transzendiert hat, auch unseren gewöhnlichen Zustand der Verblendung als einen Traum an und lässt sich nicht davon einnehmen. Dies ist ein wichtiger Grund dafür, dass er oder sie uns wahrhaft helfen und uns befreien kann.
Nyoshul Khenpo

Wenn man lang mit einem Würdigen zusammenlebt, so wird man frei von Fehlern.
Zhuangzi

Der Berufene verweilt im Wirken ohne Handeln.
Er übt Belehrung ohne Reden.
Alle Wesen treten hervor,
und er verweigert sich ihnen nicht.
Er erzeugt und besitzt nicht.
Er wirkt und behält nicht.
Ist das Werk vollbracht,
so verharrt er nicht dabei.
Und eben weil er nicht verharrt,
bleibt er nicht verlassen.
Laozi

Ein Sucher kann seinen Weg zu Gott nicht finden, wenn er nicht von einem anderen von Gott hört.
Katha-Upanishad

Kloster Wewurukannala,
buddhistisches Kloster,
Sri Lanka

Einst gab es einen Bruder, den alle in der Gegenwart des Abbas Antonius priesen, doch als der Altvater ihn prüfte, stellte er fest, dass er es nicht ertragen konnte, wenn man ihn beleidigte. Da sprach Abbas Antonius zu ihm: »Bruder, du bist wie ein Haus mit einem großen massiven Eingangstor, zu dem jedoch alle Diebe durch die Fenster freien Zugang haben.«
Aussprüche der Wüstenväter

Der Mund des Gerechten ist eine Quelle des Lebens für viele.
Sprüche 10

Die von alters tüchtig waren als Meister,
waren im Verborgenen eins mit den unsichtbaren Kräften.
Tief waren sie, so dass man sie nicht kennen kann.
Weil man sie nicht kennen kann,
darum kann man nur mit Mühe ihr Äußeres beschreiben.
Zögernd, wie wer im Winter einen Fluss durchschreitet,
vorsichtig, wie wer von allen Seiten Nachbarn fürchtet,
zurückhaltend wie Gäste,
vergehend wie Eis, das am Schmelzen ist,
einfach, wie unbearbeiteter Stoff,
weit waren sie, wie das Tal,
undurchsichtig waren sie, wie das Trübe.
Wer kann wie sie das Trübe durch Stille allmählich
klären?
Wer kann wie sie die Ruhe
durch Dauer allmählich erzeugen?
Wer diesen *Weg* bewahrt,
begehrt nicht Fülle.
Denn nur, weil er keine Fülle hat,

darum kann er gering sein,
das Neue meiden
und die Vollendung erreichen.
Laozi

Wenn der Atman von einem Menschen ohne Erkenntnis gelehrt wird, ist Er nicht leicht zu begreifen, weil Er als von den Diskutierenden verschieden angesehen wird. Wenn Er aber von jemandem gelehrt wird, der mit dem Atman eins geworden ist, gibt es keine Zweifel mehr. Der Atman ist feiner als das Feinste und lässt sich durch Argumente nicht erkennen.
Katha-Upanishad

Den Lehrer nicht prüfen
heißt Gift trinken.
Den Schüler nicht prüfen
heißt in einen Abgrund springen.
Padmasambhava

Der höchste Mensch ist frei vom Ich; der geistige Mensch ist frei von Werken; der berufene Heilige ist frei vom Namen.
Zhuangzi

Wenn jemand von sich sagt: »Ich bin fähig zu erklären, ich bin fähig zu verstehen – ich bin der Lehrer und du bist der Schüler«, so ist das dasselbe wie die Aussage eines Dämonen und ist müßiges Geschwätz vom Weg. Wenn man die Wirklichkeit des Weges tatsächlich gesehen hat und dann behauptet: »Dies ist Buddha, das ist nicht Buddha, dies ist Erleuchtung, dies ist Verlöschen, dies ist Befreiung« und so weiter, so ist das müßiger Ausdruck einseitigen Wissens, so auch wenn man einen Finger hebt und sagt: »Dies ist Zen. Dies ist der Weg!« Solche Worte verstricken und binden andere Menschen ohne Ende – dies verstärkt nur die Gefangenschaft der wandernden Mönche. Und auch wenn man nicht spricht, ist das noch ein Vergehen des Mundes. Sei lieber der Meister des Geistes und lass dich nicht vom Geist meistern.

In den unvollständigen Lehren gibt es einen Lehrer der Menschen und Götter (Buddha), es gibt einen Führer. In den vollständigen Lehren ist er kein »Lehrer der Menschen und Götter« und macht keine Doktrin zum Meister.

Baizhang Huaihai

Meditation

Die Meditation erlaubt dir, die Stimme der Stille zu hören, ihr klares Licht in deinem Inneren zu sehen. Eine solche Schau ist nicht möglich, wenn du dich in einem schläfrigen Zustand befindest, der Träume hervorruft. Setze dich zum Meditieren mit aufrechtem Oberkörper hin, wie ein Baum, mit geschlossenen Augen in der Haltung eines Wachtpostens. Schaue tief in dich hinein, ohne in deiner Aufmerksamkeit nachzulassen, mit leerem Geist und unter Vermeidung aller Gedankenbewegungen. Dies ist die Haltung des spirituellen Kriegers, die Haltung des Erwachens.
Drukpa Rinpoche

Stirb, ehe du noch stirbst,
damit du nicht darfst sterben,
wenn du nun sterben sollst:
Sonst möchtest du verderben.
Angelus Silesius

Der Prüfstein Gottes kann nicht versagen:
Die Fälschung kommt nicht an ihm vorbei;
nur derjenige wird die Prüfung bestehen,
der weiß, wie man zu Lebzeiten stirbt.
Kabir

Wenn du mit dem subtilen inneren Auge sehen kannst, wirst du eine Lücke zwischen den Gedanken finden. Diese Lücke ist schmal – schmaler als die Breite eines Haares –, aber sie ist vorhanden. Wenn du die Gedanken davon abhalten kannst, ohne Kontrolle zu fließen, so wie sie es jetzt tun, dann wird sich diese Lücke vergrößern. Aber das ist nur in einem Geist möglich, der auf einen einzigen Gedanken konzentriert ist. Er darf nicht bei vielen Gedanken, sondern muss nur bei einem einzigen Gedanken verweilen.
Mata Amritanandamayi

Ein Bruder kam zu Abbas Pastor und sagte: »Viele Gedanken kommen mir in den Sinn, die mich ablenken, und ihretwegen befinde ich mich in Gefahr.«

Da warf der Altvater ihn hinaus und sagte: »Zieh dein Hemd aus und fang damit den Wind!«

»Das kann ich nicht«, erwiderte er.

Da sagte Abbas Pastor zu ihm: »So wenig, wie du den Wind fangen kannst, kannst du verhindern, dass dir Gedanken in den Sinn kommen, die dich ablenken. Deine Aufgabe ist es, nein zu ihnen zu sagen.«
Aussprüche der Wüstenväter

Kannst du deine Seele bilden, dass sie das Eine umfängt,
ohne sich zu zerstreuen?
Kannst du deine Kraft einheitlich machen
und die Weichheit erreichen,
dass du wie ein Kindlein wirst?
Kannst du dein geheimes Schauen so reinigen,
dass es frei von Flecken wird?
Kannst du die Menschen lieben und den Staat lenken,
dass du ohne Wissen bleibst?

Kannst du, wenn des Himmels Pforten
sich öffnen und schließen,
wie eine Henne sein?
Kannst du mit deiner inneren Klarheit und Reinheit
alles durchdringen, ohne des Handelns zu bedürfen?
Erzeugen und ernähren,
erzeugen und nicht besitzen,
wirken und nicht behalten,
mehren und nicht beherrschen:
Das ist geheime Wirkkraft.
Laozi

Der Ruhestand des Geistes ist der höchste Gipfel der Einsicht, der Farbe des Himmels gleich.
Hl. Nilius

Wenn man ganz tief in sich selbst hinabsteigt, dann stößt man unweigerlich auf die Unermesslichkeit der Welt. Dann kann man sich leicht an die Stelle eines Baumes, eines Berges, eines atmenden Blattes versetzen, zum Flug eines Vogels oder zum Duft einer Blume werden. Du hast die Kraft in dir, die unerhörten Möglichkeiten der Natur zu empfinden – durch die innere Erfahrung, die uns ins Zentrum der Dinge führt.
Indianische Weisheit

Kannst du erkennen, wie Gedanken in deinem Geist aufsteigen? Kannst du sehen, wie dieser Gedanke arbeitet und wie er stirbt? Sobald es dir möglich ist, einen Gedanken klar zu sehen, wird dieser Gedanke kraftlos.
Mata Amritanandamayi

Heut saß ich vor der Felsenklippe,
bis schließlich aller Nebel sich verzog.
Ein gerader Weg, glitzernd der klare Bach,
achttausend Fuß, die Gipfel jadefarben.
Im milden Morgenlicht stehen die Weißen Wolken,
bei Nacht des hellen Mondes schwebender Glanz.
Nun bin ich frei von jedem Makel –
welch Kummer könnte meinen Sinn noch trüben?
Hanshan

Soll die Seele Gott erkennen, dann muss sie auch auf sich selber vergessen und sich selber verlieren, denn solange sie sich selber sieht und erkennt, so sieht und erkennt sie Gott nicht. Sowie sie sich aber um Gottes willen verliert und alle Dinge hinter sich lässt, findet sie sich wieder in Gott. Sobald sie jedoch Gott erkennt, erkennt sie sich selber und alle Dinge, von denen sie sich geschieden hat, auf vollkommene Weise in Gott wieder.
Meister Eckehart

Der Wintersturm
bläst kleine Steine
gegen die Tempelglocke.
Buson

Bleib eine einzige Nacht wach, lieblicher Freund,
und die Schätze der Ewigkeit werden dir alle erscheinen.
Die Sonne des Unsichtbaren wird dich die ganze Nacht
wärmen.
Des Geheimnisses Salbe wird dir die Augen entschleiern.
Heut Nacht, ich fleh dich an, bezwing dich, schlaf nicht
ein,
dass sich dir diese Herrlichkeit eröffne!

Nur nachts lässt Schönheit alle Hüllen fallen,
der Schlafende hört niemals ihren Ruf.
War es nicht Nacht, als Moses jenen Busch sah
und dessen Ruf vernahm, heranzutreten?
Tiefe Nacht war's, als er so lange wanderte,
dass er einen Busch erblickte, von Flammen überstrahlt.
Der Arbeit gilt der Tag, die Nacht der Liebe,
dass keines Neiders Auge etwas sehe.
Der Rest der Welt mag schlafen; wahre Liebende
flüstern die ganze Nacht hindurch mit Gott …
Die ganze Nacht hindurch ruft Gott uns zu:
»Wach auf, nutz diese Zeit, du armer Mensch!
Wenn nicht, wirst du dereinst vor Reue brennen,
wenn deine Seele sich vom Körper löst.«
Rumi

Wenn wir Gott durch unser Schweigen ehren sollen, so ist es nicht, weil wir über ihn nichts zu sagen oder zu erforschen wüssten, sondern weil wir verstehen, dass er unser Begreifen übersteigt.
Thomas von Aquin

Da ich den Hsiang-chi-Tempel noch nicht kannte,
stieg ich meilenweit in die wolkenverhangenen Gipfel.
Uralte Bäume, und keines Menschen Spur,
tief im Gebirge – woher der Glockenklang?
Bachgeräusche, Gurgeln zwischen schroffen Felsen,
Sonnengeflimmer, Kühle unter hohen Tannen.
In der Abenddämmerung, am Rand des verlassenen Teiches,
Sitzen in Stille, den giftigen Drachen bezähmend.
Wang Wei

Drei Dinge hindern uns daran, das ewige Wort zu vernehmen. Das erste ist Körperlichkeit, das zweite Vielheit und das dritte Zeitlichkeit. Hätte sich der Mensch dieser drei entledigt, dann wohnte er in der Ewigkeit und im Geiste, er wohnte in der Einheit und in der Wüste und hörte dort das ewige Wort. Nun spricht unser Herr: »Niemand hört mein Wort noch meine Lehre, er habe denn sich selber gelassen.« Denn wer Gottes Wort hören soll, der muss völlig gelassen sein. Denn was da hört, das ist dasselbe, was in dem ewigen Wort gehört wird.
Meister Eckehart

Feiner als das Feinste, größer als das Größte ist das Selbst, verborgen in der Höhle des Herzens aller Wesen.

Durch die Gnade des Schöpfers schaut der von Absicht Freie die Größe des Selbst und übersteigt das Leid.
Katha-Upanishad

Mal steig ich in die Schlucht hinab,
gespiegelt vom grünen Bach,
dann wieder sitze ich am Grat
auf einem mächtigen Felsen.
Einsamer Wolke gleicht mein Sinn,
kein Ort, wo er verweilt,
in weiter Ferne die Geschäfte der Welt –
was brauchte ich noch zu suchen?
Hanshan

Gott hat mir das Wissen gegeben. Nicht ich, der ich der »Ich« bin, weiß es, sondern Gott weiß es in mir.
Jakob Böhme

Wintermond.
Ein Tempel ohne Tor.
Wie hoch der Himmel!
Buson

❦

Schaffe Leere bis zum Höchsten!
Wahre die Stille bis zum Völligsten!
Alle Dinge mögen sich dann zugleich erheben.
Ich schaue, wie sie sich wenden.
Die Dinge in all ihrer Menge,
ein jedes kehrt zurück zu seiner Wurzel.
Rückkehr zur Wurzel heißt Stille.
Stille heißt Wendung zum Schicksal.
Wendung zum Schicksal heißt Ewigkeit.
Erkenntnis der Ewigkeit heißt Klarheit.
Erkennt man das Ewige nicht,
so kommt man in Wirrnis und Sünde.
Erkennt man das Ewige,
so wird man duldsam.
Duldsamkeit führt zur Gerechtigkeit.
Gerechtigkeit führt zur Herrschaft.
Herrschaft führt zum Himmel.
Himmel führt zum Dao.
Dao führt zur Dauer.
Sein Leben lang kommt man nicht in Gefahr.
Laozi

❦

Eine Seele ohne Schweigen ist wie eine Stadt ohne Schutz,
und wer das Schweigen pflegt, bewahrt seine Seele.
Therese von Lisieux

❦

Ein lichtes Grau, auf dem Dach ein sanfter Regen,
das einsame Kloster, auch bei Tage nur selten geöffnet.
Ich sitze und schaue, wie die grüne Farbe des Mooses
allmählich hinaufwächst in die Gewänder der Mönche.
Wang Wei

Wir müssen an Gott denken und Gott atmen.
Hl. Gregor von Nazianz

Ich lebe voller Freude mit dem Alltags-Weg
in einer Grotte unter dunstverhangenen Kletterpflanzen;
mein wildes Herz vollkommen frei und ledig,
für immer Weißer Wolken müßiger Gefährt.
Kein Pfad verbindet mich mehr mit der Welt,
bin absichtslos – was könnte mich noch fesseln?
Auf einer Felsplatte sitze ich einsam in der Nacht,
während der Vollmond aufsteigt am Hanshan.
Hanshan

Die Momente tiefer Dankbarkeit sind gleichzeitig Augenblicke echter Sammlung, Momente, in denen unser Herz hellwach und bei sich selbst ist ... Wir müssen also zu den Gipfelerlebnissen des Herzens zurückfinden, wenn wir lernen wollen, dankbar zu leben.
David Steindl-Rast

Wenn dein Herz wandert oder leidet,
bring es behutsam an seinen Platz zurück
und versetze es sanft
in die Gegenwart deines Herrn.
Und selbst, wenn du nichts getan hast

Kreuzgang im Kloster Irache, Benediktinerkloster, Navarra, Spanien

in deinem ganzen Leben,
außer dein Herz zurückzubringen
und wieder in die Gegenwart
unseres Gottes zu versetzen,
obwohl es jedes Mal wieder fortlief,
nachdem du es zurückgeholt hattest,
dann hast du dein Leben wohl erfüllt.
Franz von Sales

Du aber, wenn du in deiner stillen Zeit sitzest und deinen Geist sammeln willst – ziehe den Atem durch die Nase ein, durch die er zum Herzen gelangt, treibe ihn an und dränge ihn ins Herz hinunter, zusammen mit der eingeatmeten Luft. Wenn er da eintritt, wird alles, was nachher kommt, voll Freude und Jubel sein, so wie ein Mann, der lange von zu Hause fort war, nach seiner Rückkehr nicht weiß, was er vor Freude anfangen soll, da es ihm wieder geschenkt ist, mit Frau und Kindern zusammen zu sein; ebenso wird der Geist, nachdem er sich mit der Seele vereinigt hat, von unaussprechlicher Freude und Lust erfüllt werden.
Hl. Nikephoros

Warte, ohne zu denken, denn zum Denken bist du nicht reif, dann wird das Dunkel das Licht sein und die Stille der Tanz.
T. S. Eliot

Wer zur höchsten Vollendung seines Wesens gelangen will und zum Schauen Gottes, des höchsten Gutes, der muss ein Erkennen haben seiner selbst wie dessen, was über ihm ist, bis auf den Grund. So nur gelangt er zu der höchsten Lauterkeit. Darum, lieber Mensch, lerne dich selbst kennen, das ist besser, als wenn du aller Kreaturen Kräfte erkenntest.
Meister Eckehart

Der Geist, der nicht an die äußeren Dinge hingegeben und nicht durch die Sinne in die Welt ausgegossen ist, kehrt gewissermaßen zu sich selber zurück. Durch sich selbst steigt er tatsächlich zum Erkennen Gottes empor und, durch diese Schönheit erleuchtet, erlangt er das Vergessen seiner Natur.
Gr. Basilius

Soll die Seele Gottes gewahr werden, so muss sie auch ihr Selbst vergessen und sich selber verlieren. Denn solange sie sich selber sieht und weiß, so lange sieht und gewahrt sie Gott nicht. Wenn sie aber Gottes wegen ihr Ich darangibt und alle Dinge fahren lässt, so findet sie sich wieder in Gott: indem sie Gott erkennt, erkennt sie in Gott auch sich selber und alle Dinge, von denen sie sich geschieden hatte, in vollendeter Weise. Soll ich das höchste Gut, soll ich die ewige Güte erkennen, fürwahr! So muss ich sie erkennen, wo sie in sich selber ist, nicht wo sie nur Stückwerk ist: in den Kreaturen. In Gott allein ist das ganze, göttliche Sein. In einem Menschen ist nicht die ganze Menschheit, denn ein Mensch ist nicht alle Menschen. Aber in Gott erkennt die Seele auch die ganze Menschheit und alle Dinge im höchsten Sinne, denn sie erkennt sie da nach ihrem Wesen!
Meister Eckehart

Der reine Geist kommt durch seine Einung mit seinem Ursprung in einen Zustand, der über allem Denken ist, nachdem er die verschiedenen Bewegungen und Gewohnheiten, die außerhalb jener Wesensursache liegen, aufgegeben hat und nur noch dem Ursprunge allein anhaftet und sich der unbeschreiblichen Ruhe hingibt, die über dem Denken steht und die durch das Schweigen bewirkt wird. Dies kann kein Wort und kein Nachdenken offenbaren, sondern es kann nur durch die Teilnahme erfahren werden.
Hl. Maximus

Mein Herz ist entbrannt in meinem Leibe und aus meiner Meditation schlägt Feuer.
Psalmen 38.4

Ohne aus der Tür zu gehen,
kennt man die Welt.
Ohne aus dem Fenster zu schauen,
sieht man den *Weg* des Himmels.
Je weiter einer hinausgeht,
desto geringer wird sein Wissen.
Darum braucht der Berufene nicht zu gehen
und weiß doch alles.
Er braucht nicht zu sehen
und ist doch klar.
Er braucht nichts zu machen
und vollendet doch.
Laozi

Einmal ging ein Bruder zu Abbas Moses in die Sketis und bat ihn um guten Rat. Abbas Moses sprach zu ihm: »Geh, setz dich in deine Zelle, und deine Zelle wird dich alles lehren.«
Aussprüche der Wüstenväter

Unbewegt, nicht meditierend – das ist die Meditation jener, die zur Verwirklichung der Soheit gelangt sind. Das hat nichts zu tun mit dem Hervorbringen meditativer Wahrnehmungen.
Baizhang Huaihai

Finden

Der Weise suchet nichts,
er hat den stillsten Orden:
Warum? Er ist in Gott schon alles selber worden.
Angelus Silesius

Ich habe etwas so Seltenes gefunden,
etwas so Wundervolles,
dass niemand seinen Wert
ermessen kann.
Es ist farblos und Eins;
es ist ewig und unteilbar;
die Wogen des Wandels überspülen es niemals;
es erfüllt jedes Gefäß.
Es hat kein Gewicht; es hat keinen Preis;
niemand kann es je bemessen;
niemand kann es zählen,
es ist nicht zu erkennen
durch Rede oder Erörterung.
Es ist nicht schwer und ist nicht leicht.
Es gibt keinen Prüfstein in einer der Welten,
der seinen Wert offenbaren könnte.
Ich lebe in ihm, es lebt in mir,
und wir sind eins, wie Wasser
vermischt mit Wasser.
Wer es kennt,
der kann niemals sterben –

wer es nicht kennt,
der stirbt immer wieder.
Kabir

Wenn unsere Ernsthaftigkeit eine spielerische Ernsthaftigkeit ist, dann wird ein Großteil unseres Lebens ein Kinderspiel sein, eine Freude nach der anderen. Sobald das Kind in uns das Spiel erlernt hat, werden wir auch dann den entscheidenden Punkt zu entdecken vermögen, wenn die schmerzensreichen Geheimnisse beginnen. Mit der Einfachheit eines Kindes werden wir sofort zum Herzen der Angelegenheit vordringen und feststellen, dass es auch hier um ein Versteckspiel geht. Der Tod (und jeder einzelne der vielen Tode im Laufe eines Lebens) ist der Punkt, an dem ich mich so sehr im Suchen verliere, dass es zu einem Durchbruch kommt: Ich finde. Aber was ich finde, ist nicht, wonach ich gesucht habe. Ich entdecke, dass das, wonach ich, ohne es zu wissen, suchte, gar nicht das Finden, sondern das Gefundenwerden war. Und im gleichen Moment werde ich gefunden. Ja, jetzt habe ich sogar mich selbst gefunden, doch das scheint inmitten dieser glorreichen Mysterien nicht länger von Bedeutung.
David Steindl-Rast

Der Ort, wo meine Tage ich verbringe,
ist unsagbar verborgen und geheimnisvoll.
Kein Wind – von selbst rascheln die Schlingpflanzen,
kein Nebel – im Bambushain bleibt's immer dunkel.
Was ist es, das den Wildbach glucksen lässt?
Ganz von allein quellen die Wolken auf am Berg.
Des Mittags sitzend in meiner Berghütte,
da erst erkannte ich der Sonne vollen Glanz!
Hanshan

Wem die Zeit ist wie die Ewigkeit
und Ewigkeit wie die Zeit,
der ist befreit
von allem Streit.
Jakob Böhme

Der Weise stirbt nicht mehr? Er ist zuvor schon tot:
tot aller Eitelkeit,
tot allem, was nicht Gott.
Angelus Silesius

Ich habe zum Schweigen gebracht
meinen rastlosen Geist
und mein Herz strahlt:
Denn im Sosein habe ich
hinter das Sosein geblickt,
in Begleitung sah ich Ihn,
den Geleiter.
Lebend in Fesseln
macht ich mich frei:
Ich riss mich los
von den Fesseln der Enge.
Kabir sagt:
Ich habe das Unerreichbare erreicht,
und mein Herz ist gefärbt
mit der Farbe der Liebe.
Kabir

Der rechte Himmel ist allenthalben,
auch an dem Orte, wo du stehest und gehest.
Jakob Böhme

Dann taucht eine andere Vorstellung auf, dass nämlich andere Formen der Verehrung keine Irrtümer sind. Dies ist eine der großen Sichtweisen, an die wir uns erinnern sollten, dass nämlich diejenigen, die Gott durch Zeremonien und Formen verehren, so roh diese unserer Meinung nach auch sein mögen, nicht im Irrtum sind. Das alles ist der Weg von der Wahrheit zur Wahrheit, von der niedrigeren Wahrheit zur höheren Wahrheit. Dunkelheit ist weniger Licht; Übel ist weniger Gutes; Unreinheit ist weniger Reinheit. Es sollte immer integraler Bestandteil unseres Geistes sein, dass wir andere mit dem Auge der Liebe, mit Sympathie anschauen, in dem Bewusstsein, dass sie denselben Pfad gehen, den auch wir betreten haben. Wenn Sie frei sind, so müssen Sie wissen, dass alle es früher oder später sein werden, und, wenn Sie frei sind, wie können Sie dann das Vergängliche erblicken? Wenn Sie wirklich rein sind, wie können Sie dann das Unreine erblicken? Denn was innen ist, ist außen! Wir können die Unreinheit nicht sehen, ohne sie in uns selbst zu haben.
Ramakrishna

Auf Tausend-Jahre-Felsen,
den Alten auf der Spur,
vor Zehntausend-Klafter-Klippe –
strahlende Leere allein.
Solange der helle Mond noch scheint,
bin ich immer ohne Fehl.
Vorbei die Plage des Suchens und Bettelns,
des Forschens in West und Ost.
Hanshan

Ich hab mein Herz von dieser Welt getrennt –
mein Herz und Du sind nicht getrennt für mich,
und wenn der Schlummer mir die Augen schließt,
so find ich zwischen Lid und Auge Dich!
Sumnun

Unser ursprüngliches Buddha-Wesen ist, vom Standpunkt der höchsten Wahrheit gesehen, ohne das geringste Teilchen von Gegenständlichkeit. Es ist leer, allgegenwärtig, still und rein. Es ist herrliche und geheimnisvolle friedvolle Freude – nichts anderes. Dringe tief in es ein, indem du selber dazu erwachst. Das, was du in jedem Augenblick vor dir hast, ist dieses Buddha-Wesen in all seiner Vollkommenheit; es gibt nichts außer ihm. Auch wenn du alle Stufen der Entwicklung eines Bodhisattvas eine nach der anderen zur Buddhaschaft hin durchschreitest, wenn du in einem einzigen Augenblick die vollkommene Verwirklichung erreichst, wirst du nur das Buddha-Wesen erfahren, das du schon immer gewesen bist. Auf all den vorangegangenen Stufen wirst du ihm nichts hinzugefügt haben. Die Myriaden Jahre des Wirkens und Ansammelns von Verdienst werden dir dann wie unwirkliche Traumhandlungen erscheinen. Darum sagte der Buddha: »Durch die unübertroffene vollkommene Erleuchtung habe ich wahrlich nichts dazugewonnen.«
Huangbo Xiyun

Erleuchtung oder Gotterkenntnis

Ich muss Maria sein
und Gott aus mir gebären,
soll Er mich ewiglich
der Seligkeit gewähren.
Angelus Silesius

Weit besser als das Streben, jedem Nein des anderen ein Ja und jedem Ja des anderen ein Nein entgegenzusetzen, ist der Weg der Erleuchtung.
Zhuangzi

Das Erste, worin die Seligkeit besteht, ist dies, dass die Seele Gott unverhüllt schaut. Darin empfängt sie ihr ganzes Sein und ihr Leben und schöpft alles, was sie ist, aus dem Grunde Gottes und weiß nichts vom Wissen noch von Liebe, noch von irgendetwas überhaupt.

Sie wird still ganz und ausschließlich im Sein Gottes. Sie weiß dort nichts als das Sein und Gott.
Meister Eckehart

Wer andere kennt, ist klug.
Wer sich selber kennt, ist weise.
Wer andere besiegt, hat Kraft.

Wer sich selber besiegt, ist stark.
Wer sich durchsetzt, hat Willen.
Wer sich genügen lässt, ist reich.
Wer seinen Platz nicht verliert, hat Dauer.
Wer auch im Tode nicht untergeht, der lebt.
Laozi

Die göttliche Finsternis ist ein unerreichbares Licht, in dem Gott wohnt, wie gesagt wird; es ist unschaubar wegen des großen Glanzes, der von ihm ausgeht, ganz unzugänglich wegen der überwesenhaften Lichtfülle, die ungemessen von ihm ausströmt. In dieses Licht wird derjenige gänzlich eingetaucht, der gewürdigt wird, Gott zu erkennen und zu schauen. Selbst kann er weder schauen noch erkennen, wohl aber *in* Dem, der über der Schau und jenseits aller Wesenheit ist. So erkennt er diesen Einen, der über allem sinnlich Erfühlbaren und geistig Erfassbaren ist.
Dionysius Areopagita

Wie könnte ich jemals das Geheimnis aussprechen?
Wollte ich sagen, dass Er in mir ist,
würde das ganze Universum den Kopf senken vor Scham.
Doch wollte ich behaupten, Er sei außerhalb von mir,
wüsste ich, dass ich lüge.
Er macht die innere und äußere Welt zu einer:
Bewusst und Unbewusst sind beide Seine Schemel.
Er ist weder manifestiert noch verborgen;
Er ist weder offenbart noch nichtoffenbart.
Es gibt keine Worte, die beschreiben könnten, was Er ist.
Kabir

O Du, der mich mit Seiner Liebe berauscht hat und mich in den Feldern seiner Nähe verwirrt hat – Du bist es, der isoliert ist durch seine Vorzeitlichkeit, der allein ist auf dem Throne der Wahrhaftigkeit. Dass Du Dich dort aufhältst, geschieht durch Gerechtigkeit, nicht durch Gleichmäßigkeit. Deine Ferne ist Verhüllung, nicht Sich-Zurückziehen. Deine Gegenwart geschieht durch Erkennen, nicht durch Veränderung des Ortes, Deine Abwesenheit durch Verschleiern, nicht durch Abreisen. Nichts ist über Dir, dass es Dich beschatten könnte, nichts unter Dir, dass es Dich heben könnte, nichts vor Dir, dass es Dich begrenzen könnte, nichts hinter Dir, dass es Dich erreichen könnte.
al-Halladsch

Wie reines Wasser, in reines Wasser gegossen, eins mit ihm wird, so geschieht es mit dem Selbst des Heiligen, der erkannt hat.
Katha-Upanishad

In mir erglänzen alle Reiche der Welt, weil ich der Spiegel Gottes bin.
Hildegard von Bingen

Die Meister sprechen, Gott sei ein Sein, und zwar ein vernünftiges Sein, das alle Dinge erkennt. Ich aber spreche: Gott ist weder Sein noch Vernunft, noch auch erkennt er dies oder jenes. Darum ist Gott aller Dinge ledig und darum ist er alle Dinge.
Meister Eckehart

Mevlana-Kloster, ehemaliges islamisches Kloster, Konya, Türkei

Grüner Wildbach – klar der Quelle Wasser,
kalter Berg – weiß des Mondes Hof.
Schweigende Erkenntnis, der Geist von selbst erleuchtet,
die Leere schauend, geht Wahn in Stille über.
Hanshan

Gott ist ohne Gestalt und mit Gestalt zugleich. Er ist auch das, was beides, Gestalt und Gestaltlosigkeit, transzendiert. Er allein weiß, was alles er ist.

Der absolute Gott und der persönliche Gott sind ein und dasselbe. Der Glaube an den einen schließt den Glauben an den anderen in sich. So ist Feuer getrennt von seiner Brennkraft undenkbar, wie Brennkraft undenkbar ohne Feuer ist. Auch kann man sich die Sonnenstrahlen nicht ohne die Sonne denken, noch die Sonne ohne ihre Strahlen. Das Weiß der Milch könnt ihr euch nicht gesondert von der Milch vorstellen, noch die Milch gesondert von ihrem milchigen Weiß. Genauso ist der Gedanke an Gott, den Absoluten, untrennbar von dem Gedanken an den persönlichen Gott mit Eigenschaften und umgekehrt.
Ramakrishna

In meinem Herzen kreisen
alle Gedanken um Dich,
anderes spricht nicht die Zunge
als meine Liebe zu Dir.
Wenn ich nach Osten mich wende,
strahlst Du im Osten mir auf,
wenn ich nach Westen mich wende,
stehst vor den Augen Du mir.
Wenn ich nach oben mich wende,
bist du noch höher als dies,

wenn ich nach unten mich wende,
bist Du das Überall hier.
Du bist, der allem den Ort gibt,
aber Du bist nicht sein Ort,
Du bist in allem das Ganze,
doch nicht vergänglich wie wir.
Du bist mein Herz, mein Gewissen,
bist mein Gedanke, mein Geist,
Du bist der Rhythmus des Atmens,
Du bist der Herzknoten mir.
al-Halladsch

Gott zu erkennen und von Gott erkannt zu werden, das ist der Sache nach eins. Indem wir Gott erkennen und sehen, erkennen und sehen wir, dass er uns sehen und erkennen macht.
Meister Eckehart

Wie Wasser zu Eis wird, wenn es gefriert, so ist die sichtbare Gestalt des Allmächtigen die verkörperte Manifestation des alldurchdringenden, formlosen Brahman. Sie ist gleichsam verdichtetes Sat-Chit-Ananda (Sein, Bewusstsein, Seligkeit). Und wie das Eis dem Wesen nach Wasser ist, im Wasser verbleibt und wieder zu Wasser zerschmilzt, so ist der persönliche Gott ein Teil des unpersönlichen Gottes, in dem er bleibt und schließlich untertaucht und verschwindet.
Ramakrishna

Im Anfangsstadium erkennt ein erleuchtetes Wesen, dass alles leer ist; später erkennt es, dass alles nicht leer ist: Dies ist die nichtunterscheidende Weisheit. Es ist auch das, was mit

»Form an sich ist Leere« gemeint ist. Es ist nicht eine Leere, die das Resultat einer Vernichtung der Form wäre; die Natur der Form *selbst* ist Leere.
Daoxin

Die allerhöchste Erleuchtung bedeutet, mit einem Mal und unmittelbar den ursprünglichen Geist zu erkennen, zu begreifen, dass das eigene Wesen ursprünglich ohne Geburt und Tod ist, und es bedeutet, immer und überall mit jedem Gedanken zu erkennen, dass die Welt der Erscheinungen nicht stillsteht. Es bedeutet zu wissen, dass eine Wahrheit die ganze Wahrheit ist, dass jedes Ding von Natur aus die ganze Wahrheit verkörpert, dass der Geist in seiner Soheit die Wahrheit ist.
Hongren

Die Welt wird erst durch Erleuchtung wirklich.
Dogen Zenji

Das Wunder der Schöpfung

O wie herrlich ist die Gottheit, welche, indem sie schafft und wirkt, durch ihre Geschöpfe selber ihre Wirklichkeit offenbart.
Hildegard von Bingen

Der Geist der Kindlichkeit kennt weder Hass noch Verbitterung oder Groll. Er steht nackt und unermesslich vor dem Universum. Er fordert von ihm eine seinen Träumen angemessene Antwort. Er verlangt jeden Tag aufs Neue nach neuen Wundern.
Drukpa Rinpoche

Gott, nie lausche ich auf die Stimme eines Tieres oder das Rauschen eines Baumes, das Sprudeln von Wasser oder den Sang eines Vogels, das Brausen des Windes oder das Dröhnen des Donners, ohne zu finden, dass sie Deine Einzigartigkeit bezeugen und darauf hinweisen, dass es keinen gleich Dir gibt, dass Du der Herrscher bist, der nicht beherrscht werden kann, der Weise, der keine Unwissenheit kennt, der Milde, der nicht entehrt, der Gerechte, der nicht grausam ist, der Vertrauenswürdige, der nicht lügt!
Dhu'n-Nun

Die Erde ist der lebendige Aufenthalt und das Haus der Seelen; die Seele müsste ja vergehen, wenn dieses Haus zerstört würde. Gott hat das Irdische so eingerichtet, dass es mit der Seele Leben habe und die Seele mit ihm im Leibe sei: Ist doch der Leib Erde!
Hildegard von Bingen

Der Indianer schätzt den sanften Klang des Windes, der wie ein Pfeil über die Oberfläche eines Teiches streicht, und den Geruch des Windes, den der Mittagsregen wusch und der nach Kiefern duftet. Die Luft ist dem Roten Manne heilig, denn alle Dinge haben teil am selben Atem: das Tier, der Baum, der Mensch, alle verbinden sich im selben Atem.
Indianische Weisheit

Wir haben keinen anderen Gott als die Freude, deren letzte Quelle in einem jeden von uns liegt. Werde zu einem Zauberer, einem Magier, der das Leben transformiert. Überrasche deine Freunde, mache sie staunen, webe Theaterkulissen um sie herum. Diese Leichtigkeit schmückt das Leben. Sie verleiht deinem erwachsenen Gebaren einen übernatürlichen, sagenhaften Charakter. Scheue dich nicht, das Leben wegen seiner Schönheit zu begehren – wie ein Verliebter, wie ein Verehrer.
Drukpa Rinpoche

Jedes Element hat einen Klang, einen Urklang aus der Ordnung Gottes; all dieses Tönen vereinigt sich wie der Zusammenklang aus den Harfen und Zithern.
Hildegard von Bingen

Zu glauben, die Welt und die Materie seien unbelebt, ist eine Sinnestäuschung. Wir sind derart in uns selbst eingekapselt, derart in unsere Gewohnheiten verstrickt, dass wir nicht mehr sehen können. Das gesamte Universum ist von Geistern durchsetzt, die handeln können und untereinander durch ein Phänomen der kosmischen Resonanz verbunden sind. Wir selbst sind es, die sich isoliert, getrennt glauben. Das Universum fühlt sich nicht getrennt. Es *ist*.
Indianische Weisheit

Die Engel künden von der Gottheit mit dem lebendigen Tönen ihrer herrlichen Stimmen, die zahlreicher als der Sand am Meer sind und über alle Zahl an Früchten, die immer die Erde hervorbringen mag, reicher als alles Tönen, das die lebendigen Wesen hervorbrächten, und leichter als der Glanz, der von Sonne, Mond und Sternen in den Gewässern funkelt. Herrlicher ist dieser Klang als die Musik des Äthers, die aus dem Brausen der Winde entsteht, welche die vier Elemente hochhalten und festfügen.
Hildegard von Bingen

Das Ausjäten des Heiligen

Bei der Unterweisung muss man zwischen dem Esoterischen und dem Exoterischen unterscheiden. Man muss unterscheiden zwischen der Sprache des Allgemeinen und der Sprache des Besonderen. Man muss unterscheiden zwischen der Sprache der vollständigen Lehre und der Sprache der unvollständigen Lehre.

Die vollständige Lehre spricht vom Reinen, die unvollständige Lehre spricht vom Unreinen. Die Verblendung in unreinen Dingen zu erklären, heißt das Profane auszujäten. Die Verblendung in den reinen Dingen zu erklären, heißt das Heilige auszujäten.
Baizhang Huaihai

Eines Tages sah man Rabi'a, in der einen Hand Feuer, in der anderen Wasser, den Weg entlanglaufen. Man fragte sie, warum sie das tue und wohin sie laufe. Sie antwortete: »Ich eile, ein Feuer im Himmel zu entzünden und Wasser auf die Flammen der Hölle zu gießen, damit beide Schleier für immer vom Angesicht verschwinden.«
Rabi'a

Gieße aus, auf dass du erfüllet werdest; verlerne das Lieben, auf dass du lieben lernest; kehre dich ab, auf dass du herzugekehrt werdest.
Augustinus

Du solltest die Idee aufgeben, ein höher entwickelter spiritueller Mensch zu werden ... Genau dieser Gedanke kann manchmal zum Hindernis werden.
Mata Amritanandamayi

Da sagen die Menschen: Eya, Herr, ich wollte gerne, dass ich auch so gut mit Gott stünde und so viel Andacht und Frieden mit ihm hätte wie andere Leute. Und ginge es mir doch so wie ihnen, und wäre ich nur so arm wie sie! Oder sie sagen: Mir wird kein Trost, wenn ich nicht da oder dort sein, nicht dies oder das tun kann. Ich muss in der Einsamkeit, in einer Klause oder einem Kloster leben.

Wahrhaftig, an all dem Unfrieden bist du nur selber schuld und gar nichts anderes. Er entspringt allein deinem Eigenwillen ... Darum fange zuerst bei dir selber an und lass von deinem Eigensinn ab. Fürwahr, wenn du dich nicht zuerst selber fliehst, dann magst du fliehen, wohin du willst, du findest doch nur wieder neue Hindernisse und neuen Unfrieden. Wenn die Leute den Frieden in den äußeren Dingen suchen, sei's an einem anderen Ort oder in einer neuen Lebensweise, sei's bei Menschen oder in Geschäften, und sei es auch in Verlassenheit, Armut und Schmach, so mag das noch so bedeutend oder von besonderer Art sein, es ist dennoch alles nichts und verleiht auch keinen Frieden. Sie gehen alle in die Irre, die so suchen. Je weiter sie hinausschweifen, umso weniger finden sie das, was sie suchen. Sie gehen umher wie einer, der seinen Weg verloren hat: Je weiter er geht, umso mehr verirrt er sich.

Was soll er aber tun? Er muss zuerst sich selber lassen, dann hat er auch alle Dinge gelassen ...
Meister Eckehart

Einer der Mönche namens Serapion verkaufte sein Evangelium und gab das Geld den Hungrigen mit den Worten: »Ich habe das Buch verkauft, das mir auftrug, all meine Besitztümer zu verkaufen und das Geld den Armen zu geben.«
Aussprüche der Wüstenväter

§

Der Weise soll die Schriften erforschen auf der Suche nach Erkenntnis; aber dann soll er sie alle aufgeben wie die Hülle, die man vom Reis ablöst.
Amritabindu-Upanishad

§

Der Mensch soll sich nicht genügen lassen an einem gedachten Gott. Denn wenn der Gedanke vergeht, so vergeht auch der Gott. Man soll vielmehr einen wesenhaften Gott haben, der weit erhaben ist über die Gedanken des Menschen und aller Kreatur. Wer Gott so hat, der nimmt Gott göttlich, und dem leuchtet er in allen Dingen, denn alle Dinge schmecken ihm nach Gott.
Meister Eckehart

§

Ich kann nicht genug betonen, dass der einzige Wert einer Erfahrung nicht in der Erfahrung selbst liegt, sondern nur in dem, was man in ihr oder durch sie lernen kann – und das ist, mit anderen Worten, die Wahrheit. Erfahrungen sind nicht von Dauer, sind nicht ewig. Nur die Wahrheit ist von Dauer und ewig.
Bernadette Roberts

§

Gott wirkt ohne Mittel und ohne Bild. Je freier du von Bildern bist, umso empfänglicher bist du für sein Einwirken, und je mehr du nach innen gekehrt und vergessener, umso näher bist du dem.
Meister Eckehart

Das endgültige Ziel der Liebe ist, bloß wie eine Wüste zu werden. Solange die Liebe im Anfangsstadium ihrer Reise ist, sorgt die Form des Geliebten für die innere Speise, die der Liebende braucht. Hat die Liebe erst ihr endgültiges Ziel erreicht, lässt sie alle Formen hinter sich.

Kurz bevor dieses Endstadium erreicht wird, erscheint die Form des Geliebten in all ihrer Vollkommenheit und stellt sich als Hindernis zwischen den Liebenden und die Liebe. Um diesen letzen Schleier zu lüften, müssen alle möglichen Anstrengungen unternommen werden.
al-Ghazzali

Der Mensch soll Gottes quitt und ledig stehn, nicht soll er sich Gedanken und Vorstellungen darüber machen, was Gott »in ihm« wirke! So mag der Mensch Armut besitzen.
Meister Eckehart

Der Kaiser Wu fragte Bodhidharma, den ersten Patriarchen des Zen in China: »Was ist der höchste Sinn der heiligen Wahrheit?«

Bodhidharma sagte: »Offene Weite, nichts Heiliges.«
Zen-Überlieferung

Die Seligkeit tat auf ihren Mund voll Weisheit und sprach: »Selig sind die Armen im Geiste, das Himmelreich ist ihrer.« …

Nun gibt es zweierlei Armut. Die eine ist die äußere Armut … Von dieser Armut will ich hier nicht sprechen. Es gibt aber noch eine andere, innere Armut, von der dies Wort unseres Herrn gilt … Das ist ein armer Mensch, der nichts will und nichts weiß und nichts hat. Von diesen drei Punkten will ich sprechen, und ich bitte euch um der Liebe Gottes willen, diese Wahrheit zu verstehen. Versteht ihr sie aber doch nicht, dann lasst es euch nicht bekümmern. Denn ich will von einer Wahrheit sprechen, die ist so eigenartig, dass nur wenige gute Menschen sie verstehen können.

Zum Ersten also heißt der ein armer Mensch, der nichts will … Wenn mich nun einer fragte, was denn das sei, ein armer Mensch, der nichts will, dann antworte ich ihm und sage: Solange der Mensch noch dies hat, dass es in seinem Willen steht und dass es sein Wille ist, den allerliebsten Willen Gottes zu erfüllen, so hat er nicht die Armut, von der wir hier sprechen wollen, denn dieser Mensch hat noch einen Willen, mit dem er dem Willen Gottes Genüge leisten will, und das ist nicht die rechte Armut. Denn soll der Mensch wahrhaft arm sein, dann muss er seines geschaffenen Willens so ledig sein, wie er's war, als er noch nicht war. Und ich sage euch bei der ewigen Wahrheit, solange ihr den Willen habt, den Willen Gottes zu erfüllen, und solange ihr ein Verlangen habt nach der Ewigkeit und nach Gott, solange seid ihr noch nicht richtig arm. Denn nur das ist ein armer Mensch, der nichts will und nichts begehrt …

Zum anderen ist das ein armer Mensch, der nichts weiß. Wir haben gelegentlich gesagt, der Mensch solle so leben, dass er weder sich selber noch der Wahrheit noch Gott lebt. Jetzt aber ändern wir unseren Ausspruch und gehen darüber hinaus: Der Mensch, der diese Armut haben soll, muss so leben, dass er nicht einmal weiß, dass er weder sich selber noch der Wahrheit noch Gott in irgendeiner Weise lebt. Ja, er soll alles Wissens so quitt und ledig sein, dass er sich des göttlichen Wissens in ihm gar nicht bewusst wird. Denn als der Mensch noch in der ewigen Natur Gottes stand, da lebte in ihm nicht ein anderes: Was da lebte, das war er selber. Deshalb sagen wir, dass der Mensch seines eigenen Wissens ledig werden soll, wie er es war, da er noch nicht war. Und er lasse Gott wirken, was dieser wolle, und stehe seines Menschseins ledig wie dort, woher er kam …

Aber die dritte Armut ist die Gott nächste. Von der will ich nun sprechen. Sie besteht darin, dass der Mensch nichts hat. Nun merkt genau auf! Ich habe es oft ausgesprochen, und große Meister sagen es auch: Der Mensch soll aller Dinge und Werke, der inneren und der äußeren, so ledig sein, dass er zu einer Gott eigenen Stätte werde, in der dieser wirken kann. Nun aber sagen wir es anders. Ist es gleichwohl eingetreten, dass der Mensch aller Dinge ledig geworden ist, aller Geschöpfe, seiner selbst und Gottes, und ist da noch eine Stätte in ihm (und ihm zugehörig), an der Gott eine Möglichkeit zum Wirken findet, dann sagen wir: Solange es das noch im Menschen gibt, ist der Mensch nicht arm in der Gott nächsten Armut. Denn es liegt Gott nicht im Sinne bei seinem Werke, dass der Mensch in sich eine Stätte habe, darin Gott wirken könne, sondern nur das ist Armut im Geiste, dass der Mensch Gottes und seiner Werke so ledig stehe, dass dieser, wollte er in der Seele wirken, selbst zur Stätte werden muss, darin er wirken will. Und das täte er gewiss gern. Findet Gott einen Menschen in solcher Armut, dann wird *er* zum Erleidenden seines Wirkens an selbiger, das das (lautere) Wirken in sich selber ist. Allhier, in dieser Armut, erlangt der Mensch das ewige Sein, das er gewesen ist, das er jetzt ist und das er ewiglich bleiben wird.

Meister Eckehart

Einige Altväter kamen einmal zu Abbas Antonius, und unter ihnen befand sich auch Abbas Joseph. Abbas Antonius wollte sie prüfen und lenkte das Gespräch auf die Heilige Schrift. Er begann beim Jüngsten und fragte ihn nach der Bedeutung dieser oder jener Textstelle. Jeder antwortete, so gut er konnte, doch Abbas Antonius sagte zu ihnen: »Ihr habt es noch nicht begriffen.«

Schließlich fragte er auch Abbas Joseph: »Wie steht es mit dir? Was bedeutet dieser Text deiner Meinung nach?«

Abbas Joseph antwortete: »Ich weiß es nicht!«

Da sagte Abbas Antonius: »Wahrlich, allein Abbas Joseph hat den Weg gefunden, denn er antwortet, dass er es nicht weiß.«

Aussprüche der Wüstenväter

Nichtwissen ist am dichtesten.

Zen-Maxime

Nichtdualität

Alles kommt aus Einem her
und muss in Eines ein:
Wo es nicht will gezweit
und in der Vielfalt sein.
Angelus Silesius

Gott spricht: »Ich bin der Erste und der Letzte.« Unterschied ist weder in der Natur Gottes noch in den göttlichen Personen gemäß der Einheit der Natur. Die göttliche Natur ist Eines, und jegliche Person ist auch Eines, dasselbe Eine, das die Natur ist. Der Unterschied zwischen Sein und Wesen geht in das Eine ein und ist das Eine. Erst wo das Eine nicht mehr in sich ruht, da hat und wirkt es Unterschied. Darum findet man in dem Einen Gott, und Eines muss der werden, der Gott finden soll.
Meister Eckehart

Der weise Mensch verweilt im Innern seiner selbst, wie der Indianer in der Mitte seines Tipis. In sich selbst sieht er die Gestirne kreisen und die Sonne auf- und untergehen, in einer einzigen Bewegung der Liebe und der Anbetung. Er selbst ist der ewig wiederkehrende Neubeginn aller Dinge.
Indianische Weisheit

Der Höchste Weg ist gar nicht schwer,
so du nur das Wählen meidest;
allein wenn du nicht hassest noch begehrst,
begreifst du das Sosein hell und klar.
Doch weichst du auch nur um Haaresbreite ab,
sind Himmel und Erde voneinander geschieden.
Willst du die Wirklichkeit vor Augen haben,
dann darf es weder »Gut« noch »Böse« geben.
Der Widerstreit von Ablehnen und Annehmen,
das ist die Krankheit des Geistes.
Sengcan

Im Dao sind die Gegensätze aufgehoben in der Einheit. In ihrer Geschiedenheit haben sie ihr Bestehen; durch ihr Bestehen kommen sie zum Vergehen. Alle Dinge, die jenseits sind von Bestehen und Vergehen, kehren zurück zur Aufhebung in der Einheit. Aber nur der Schauende kennt diese Aufhebung in der Einheit.
Zhuangzi

Da ich in meiner ersten Ursache stand, da hatte ich keinen Gott und war Ursache meiner selbst. Ich wollte nichts und begehrte nichts, denn ich war ein lediges Sein und ein Erkennender meiner selbst gemäß göttlicher Wahrheit. Da wollte ich mich selbst und wollte nichts anderes. Was ich wollte, das war ich, und was ich war, das wollte ich, und so stand ich aller Dinge ledig.
Meister Eckehart

Das Sein der Wahrheit ist eines.
Die Weisen benennen es mit verschiedenen Namen.
Rigveda

Kloster Panagia Chosoviotissa, Kykladen, Griechenland

Es gibt ein Ding, das ist unterschiedslos vollendet.
Bevor der Himmel und die Erde waren, ist es schon da,
so still, so einsam.
Allein steht es und ändert sich nicht.
Im Kreis läuft es und gefährdet sich nicht.
Man kann es nennen die Mutter der Welt.
Ich weiß nicht seinen Namen.
Ich bezeichne es als Dao.
Mühsam einen Namen ihm gebend,
nenne ich es: groß.
Groß, das heißt immer bewegt.
Immer bewegt, das heißt ferne.
Ferne, das heißt zurückkehrend.
So ist das Dao groß, der Himmel groß, die Erde groß,
und auch der Mensch ist groß.
Vier Große gibt es im Raume,
und der Mensch ist auch darunter.
Der Mensch richtet sich nach der Erde.
Die Erde richtet sich nach dem Himmel.
Der Himmel richtet sich nach dem Dao.
Das Dao richtet sich nach sich selbst.
Laozi

Du sollst Gott lieben, wie er ein Nichtgott, ein Nichtgeist, eine Nichtperson, ein Nichtgestaltetes ist: vielmehr nur lautere, pure, klare Einheit, aller Zweiheit fern. Und in diesem Einen sollen wir ewiglich versinken vom Sein zum Nichts.
Meister Eckehart

Der Geist gleicht der Leere, in der es keine Verblendung und nichts Böses gibt, während die Sonne sie durchkreist und die vier Himmelsrichtungen erhellt. Denn wenn die Sonne aufsteigt und die Welt erleuchtet, nimmt die Leere nicht an Glanz zu, und wenn die Sonne sinkt, wird die Leere nicht dunkler. Die Erscheinungen von Licht und Dunkel wechseln ab, das Wesen der Leere aber bleibt unverändert. Das Gleiche gilt für den Geist eines Buddha und der fühlenden Wesen. Wenn du Buddha für eine reine, strahlende oder erleuchtete Erscheinung hältst, die fühlenden Wesen aber für üble, dunkle, todgeweihte Gestalten, so werden dich diese Vorstellungen, die deinem Haften an Formen entspringen, von der höchsten Erkenntnis fern halten ...

Es existiert nur der Eine Geist und kein Teilchen von irgendetwas anderem, an das man sich klammern könnte. Denn dieser Geist ist Buddha. Wenn ihr Schüler des Weges nicht zu dieser Geistessenz erwacht, werdet ihr den Geist mit diskursivem Denken überlagern, den Buddha außerhalb von euch selbst suchen und gebunden bleiben an Formen, fromme Übungen und anderes, was schädlich und keineswegs der Weg zur höchsten Erkenntnis ist.
Huangbo Xiyun

§

Das erkennende Selbst ist nicht geboren und stirbt nicht. Es ist aus nichts entstanden, und nichts entstand aus Ihm. Geburtlos, ewig dauernd, wird es nicht getötet, wenn der Körper getötet wird.
Katha-Upanishad

§

Zeit ist wie Ewigkeit und Ewigkeit wie Zeit,
so du nicht machest einen Unterscheid.
Angelus Silesius

§

Himmel und Erde entstehen mit mir zugleich, und alle Dinge sind mit mir eins.
Zhuangzi

Für Gott ist alles schön und gut und recht; nur die Menschen sind der Meinung, das eine sei recht, das andere unrecht.
Heraklit

Die Menschen der Vollkommenheit haben alle Stadien und Zustände verwirklicht und sind über diese hinausgegangen zu dem Stadium jenseits von Majestät und Schönheit; sie haben keine Eigenschaften und keine Bezeichnung.

Jemand fragte Bayezid: »Wie geht es dir heute Morgen?«

Er antwortete: »Ich kenne keinen Morgen und keinen Abend; Morgen und Abend gehören zu jemandem, der durch Eigenschaften begrenzt ist, und ich habe keine Eigenschaften.«
Ibn 'Arabi

Alle Opfer, die man den Buddhas des Weltalls brächte, glichen nicht dem Opfer, das von einem Menschen gebracht wird, der dem Weg folgt und der das diskursive Denken aufgegeben hat. Warum? Weil so einer keine Begriffe mehr bildet. Die Substanz des Absoluten gleicht im Inneren Holz oder Stein – sie ist genauso unbewegt. Äußerlich gleicht sie der Leere, da sie ohne Grenzen und Hindernisse ist. Sie ist weder objektiv noch subjektiv, hat keinen bestimmten Ort, ist ohne Form und kann nicht vergehen. Wen es zu ihr hinzieht, der wagt nicht, in sie einzugehen, da er sich fürchtet, in die Leere hinabzustürzen, ohne sich an etwas klammern

zu können oder vor dem Fall bewahrt zu werden. So starren sie denn auf den Abgrund und ziehen sich zurück. Dies bezieht sich auf alle, die dieses Ziel durch Überlegung zu erreichen suchen. Es sind dies die vielen, während nur wenige die intuitive Erkenntnis des Weges erlangen.
Huangbo Xiyun

Der Geist des Tales stirbt nicht,
das heißt das dunkle Weib.
Das Tor des dunklen Weibs,
das heißt die Wurzel von Himmel und Erde.
Ununterbrochen wie beharrend
wirkt es ohne Mühe.
Laozi

Derjenige, der Wissen und Unwissenheit gemeinsam begreift, geht durch die Unwissenheit über das Reich des Todes hinaus und erlangt durch Wissen Unsterblichkeit.
Isa-Upanishad

Die Weisheit

Sie war vor dem Ursprung des Anfangs
und wird nach allem Ende in ihrer höchsten Kraft dastehen,
da ihr nichts widerstehen kann.
Niemand hat sie zu ihrer Hilfe gerufen,
niemanden braucht sie, da sie Erste und Letzte war.
Von niemandem erhielt sie Antwort,
da sie die Erste, die Ordnung aller Dinge ins Werk gesetzt hat.

Aus ihrem eigenen Wesen
und durch sich selbst bildet sie alles voll Liebe und
    Zartheit,
nichts mehr konnte von einem Feinde zerstört werden.
Denn sie überblickt voll und ganz
den Beginn und das Ende ihrer Werke,
da sie alles in Fülle bildete,
wie auch alles von ihr geleitet wird.
Hildegard von Bingen

Das Licht des Bewusstseins strahlt allein; weit transzendiert es die Sinne und ihre Objekte. Die essenzielle Substanz ist offenbar, wahr und ewig. Sie findet sich nicht in den Schriften. Die Natur des Geistes ist ohne Verblendung; sie ist im Grunde vollkommen und an sich vollständig. Befreie dich nur von verblendetem Anhaften und verschmelze mit der Erkenntnis der Soheit.
Baizhang Huaihai

Das Unaussprechliche, das man pflegt Gott zu nennen,
gibt sich in *einem* Wort zu sprechen und zu erkennen.
Angelus Silesius

Er preist mich, und ich preise Ihn.
Er verehrt mich, und ich verehre Ihn.
Wie könnte Er unabhängig sein,
da ich Ihm helfe und beistehe?
Indem ich Ihn erkenne, erschaffe ich Ihn.
Ibn 'Arabi

Was ist die Ewigkeit? Sie ist nicht dies, nicht das,
nicht nun, nicht jetzt, nicht Nichts,
sie ist, ich weiß nicht was.
Angelus Silesius

Ich schaue auf meine Hand; Er bewegt sie.
Ich höre meine Stimme; Er spricht.
Ich gehe von Zimmer zu Zimmer –
niemand ist hier außer Ihm.
Rumi

Wer das tiefste Prinzip nicht kennt,
müht sich vergeblich, das Denken zur Ruhe zu bringen.
Es ist vollständig wie die große Leere,
nichts, was da fehlt, nichts ist zu viel.
Wahrlich, nur Ergreifen und Zurückweisen
sind der Grund für die Dualität.
Jage nicht den Erscheinungen nach,
doch lass dich auch nicht in der Leere nieder.
Im Einen ist dein Gemüt in Frieden
und die Verblendung vergeht von selbst.
Sengcan, Meißelschrift vom glaubenden Geist

Der Mensch hat eher nicht vollkommne Seligkeit,
bis dass die Einheit verschluckt die Anderheit.
Angelus Silesius

In der Welt, aber nicht von der Welt

Wie wunderbar:
Draußen stehen wie drinnen,
begreifen und umgriffen werden,
schauen und das Geschaute selbst sein,
halten und gehalten werden.
Meister Eckehart

Wenn du den Standpunkt der Leere erreicht hast, dann kannst du in den Zwinger der Menschenwelt eintreten und darin wandeln, ohne dass du den Menschen äußerlich zu nahe trittst. Findest du Einlass, so singe dein Lied. Findest du keinen Einlass, so halte ein! Nicht von außen her durch die Tür, nicht mit Gewaltmitteln und Giften kommst du zu den Menschen. Du bist ihr Hausgenosse und wohnst unter ihnen, als könnte es gar nicht anders sein. Auf diese Weise kannst du vielleicht etwas erreichen. Seine Spuren verwischen ist leicht; nicht die Erde berühren beim Wandeln ist schwer.
Zhuangzi

Halt deinen Leib in Ehren,
er ist ein edler Schrein,
in dem das Bildnis Gottes
soll aufbehalten sein.
Angelus Silesius

Damit er fähig ist, ein reiches und produktives Leben zu leben, muss ein Mensch, der in der Welt lebt, mit so viel Liebe, Intimität, Fürsorge und Verantwortung wie möglich durch den Übergang der Ehe hindurchgehen. Wenn ein Eheleben mit der richtigen Liebe und mit Verständnis gelebt wird, hilft es, das Weibliche innerhalb des Mannes zu wecken und das Männliche innerhalb der Frau. Diese Balance kann beiden schließlich helfen, das letzte Ziel der ewigen Freiheit zu erreichen.
Mata Amritanandamayi

Da nun der Mensch in diesem Leben nicht bestehen kann ohne Arbeit, diese vielmehr des Menschen Teil ist und vielerlei Art, darum so lerne der Mensch, seinen Gott zu haben mitten in den Dingen und ungehindert zu bleiben von Geschäft und Ort.
Meister Eckehart

Es steht ein Wohnhaus am Hanshan,
darinnen gibt es keine Trennwände.
Durch die sechs Pforten geht man ungehindert ein und aus,
und von der Halle sieht man auf ins blaue Firmament.
Ein jeder Raum ist völlig leer,
die Ostwand stößt gegen die Westwand.
Da es rein gar nichts dort zu holen gibt,
bleib ich von Schnorrern stets verschont;
ist es mir kalt, entzünde ich ein kleines Feuer,
habe ich Hunger, koche ich eine Kräutersuppe.
Was kümmern mich die werten Grundherren,
die sich für ihre großen Höfe abrackern;
aller Besitz wird ihnen doch nur zum Gefängnis,
einmal hineingeraten, gibt's kein Entrinnen mehr.

Darüber solltest du mal sehr gut nachdenken –
vielleicht durchschaust du dann die Spielregeln.
Hanshan

O wie herrlich ist die Gottheit, welche, indem sie schafft und wirkt, durch ihre Geschöpfe selber ihre Wirklichkeit offenbart.
Hildegard von Bingen

Sei frei. Lebe in der Welt wie das weggeworfene Blatt, das als Teller gedient hat. Es ist ohne Wert. Wem liegt daran, es zu besitzen? Wer würde es auch nur berühren wollen? Es treibt vor dem Wind, mal hierhin, mal dorthin. Eben so.

Heute wirst du hierhin gestellt. Das ist gut. Verweile. Wenn Er dich aber da fortnimmt und an einen besseren Platz stellt, werden die Welt und dein Heim nichts verloren haben.
Ramakrishna

Die Einfalt schätz ich hoch, der Gott hat Witz beschert.
Die aber den nicht hat, ist nicht des Namens wert.
Angelus Silesius

Der Dienst wahrer Liebe ist selbst ein Dank für die Gelegenheit, dienen zu dürfen. Er entspringt einem tiefen inneren Zuhören, einer Offenheit für alles, was ein gegebener Moment enthält. Er entspringt der Sorge um alle, denen wir uns zugehörig wissen. Jeder Augenblick ist ein Geschenk … Jetzt wird es deutlich, dass das Geschenk in jedem Geschenk die

Gelegenheit ist. Meistens die Gelegenheit, sich am gegebenen Moment zu freuen; manchmal auch die Gelegenheit, geduldig zu ertragen, was nicht zu ändern ist; aber ebenso kann es die Gelegenheit sein, aufzustehen und etwas zu unternehmen ... Betrachten wir aber jeden Augenblick als Gelegenheit, aufs Neue das »Ja« der Liebe auszusprechen, dann wird Liebe zur Macht, die die Welt verwandelt. Zuerst aber wird Liebe die Liebenden verwandeln.
David Steindl-Rast

So wandelt als Kinder des Lichtes. Des Lichtes Frucht besteht aus lauter Güte, Gerechtigkeit und Wahrheit.
Epheser 5.9

Bewege dich in dieser Welt wie ein Reisender, ein Vorbeiziehender, mit deinen Kleidern und Schuhen voller Staub. Manches Mal wirst du im Schatten unter einem Baum sitzen, und manches Mal wirst du durch die Wüste wandern. Sei immer ein Vorbeiziehender, denn diese Welt ist nicht dein Zuhause.
Hadith des Propheten Mohammed

Die Werke heiligen uns nicht, sondern wir sollen die Werke heiligen. Soweit wir heilig sind und Sein besitzen, soweit heiligen wir alle unsere Werke, es sei Essen, Schlafen, Wachen oder was immer es sei.

Erkenne hieraus, dass man allen Fleiß darauf verwenden soll, *gut* zu sein – nicht aber so sehr darauf, was man tue oder welcher Art die Werke seien, sondern wie der Grund der Werke ist.
Meister Eckehart

Der Weise ist wie eine leere Höhlung. Er hegt kein Wissen. Er wohnt in der Welt der Wandlungen und der Brauchbarkeit, und doch hält er sich an das Reich des Nichttuns. Er verweilt innerhalb der Wände des Benennbaren und lebt doch im offenen Land dessen, was die Rede überschreitet. Er ist still und einsam, leer und offen, so dass sein Zustand nicht in Worte zu kleiden ist. Mehr kann man nicht von ihm sagen.
Sengzhao

Verlacht, verlassen, viel Leiden in der Zeit,
nicht haben, können, sein,
ist meine Herrlichkeit.
Angelus Silesius

Löse dich von der Welt, ohne deine Wünsche aufzugeben. Halte dich auf Distanz zur Welt, ohne die Welt zu verlassen; sei mitten im Trubel und doch außerhalb des Trubels. Auf diese Weise nimmt man voll am Leben teil, ohne in seine Falle zu tappen.
Drukpa Rinpoche

Der Mensch, der Gutes wirkt, gleicht einem Obstgarten, der von den Früchten guter Werke voll ist; er ist der Erde gleich, die mit Steinen und Bäumen gefestigt und geschmückt wird.
Hildegard von Bingen

Allein inmitten der anderen leben – das heißt man selbst bleiben, ohne Einschränkungen, verantwortlich für die eigenen Handlungen. Such bei deinen Brüdern ihren Teil der Einsamkeit. Du magst ihn in einem kurzen Aufleuchten eines Blickes finden, in der Emotion einer Stimme, in einem

unverhofften menschlichen Wort, das den Träumen gerecht wird.
Indianische Weisheit

Die Ros' ist ohn' Warum, sie blühet, weil sie blühet.
Sie achtet nicht ihrer selbst, fragt nicht, ob man sie siehet.
Angelus Silesius

Fischreusen sind da um der Fische willen; hat man die Fische, so vergisst man die Reusen. Hasennetze sind da um der Hasen willen; hat man die Hasen, so vergisst man die Netze. Worte sind da um der Gedanken willen; hat man den Gedanken, so vergisst man die Worte. Wo finde ich einen Menschen, der die Worte vergisst, auf dass ich mit ihm reden kann?
Zhuangzi

Der Unwissende enthält sich der Erscheinungen, nicht aber der Gedanken. Der Weise enthält sich der Gedanken, nicht aber der Erscheinungen.
Huangbo Xiyun

Die Zeit ist kurz bemessen. Deshalb sollten die Verheirateten leben, als seien sie nicht verheiratet, und die Trauernden, als trauerten sie nicht; die Fröhlichen, als seien sie nicht fröhlich; die etwas erwerben, als besäßen sie nichts; die mit der Welt verkehren, als verkehrten sie nicht mit ihr. Denn die Gestalt dieser Welt vergeht.
1. Korinther 7.29

Textnachweis

Angelus Silesius: *Cherubinischer Wandersmann*. Herausgegeben von Louise Gnädinger. © 1984 Philipp Reclam Jun. Verlag GmbH, Stuttgart. Seite 22, 24, 36, 38, 40, 44, 46, 50, 55, 58, 71, 72, 76, 80, 93, 107, 119, 121, 124, 141, 145, 148, 149, 150, 152, 154, 155

Bess, Savitri L.: *Der Weg der Mutter. Auf dem spirituellen Pfad der Göttlichen Mutter, »Amma«*. © 2004 Arbor Verlag, Freiamt im Schwarzwald. Seite 27, 42, 48 f., 52, 56, 59, 75 f., 79, 80, 83 f., 85, 92, 94, 108, 109, 135, 151

Betz, Otto: *Hildegard von Bingen. Gestalt und Werk*. © 1996 Kösel-Verlag, München. Seite 27, 29, 54, 63, 69, 70, 72, 73, 75, 79, 126, 131, 132, 133, 147 f., 152, 154

Böhme, Jakob: *Im Zeichen der Lilie. Aus den Werken des christlichen Mystikers*. © 1998 Eugen Diederichs, München. Seite 121

Bourre, Jean Paul (Hrsg.): *Indianische Weisheiten*. Aus dem Französischen von Stephan Schuhmacher. © für die deutschsprachige Ausgabe: 2000 Deutscher Taschenbuch Verlag, München. Seite 22, 30, 40, 41, 42 f., 44, 64, 84, 88 f., 109, 132, 133, 141, 154 f.

Brunner-Traut, Emma: *Die Kopten. Leben und Lehre der frühen Christen in Ägypten*. © 1982 Eugen Diederichs, Düsseldorf, Köln. Seite 38

Die Vorsokratiker. Übersetzt von Wilhelm Nestle. © 1956 Eugen Diederichs, Düsseldorf, Köln. Seite 146

Drukpa Rinpoche: *Tibetische Weisheiten*. Aus dem Französischen von Stephan Schuhmacher. © für die deutschsprachige Ausgabe: 1999 Deutscher Taschenbuch Verlag, München. Seite 26, 30, 32, 39, 46, 47, 62, 90, 94, 95, 97, 107, 131, 132, 154

Eckehart, Meister: *Schriften*. Übertragen von Herman Büttner. © 1959 Eugen Diederichs, Düsseldorf, Köln. Seite 29, 33, 36, 42, 58, 73, 81, 82, 116, 117, 134, 137, 144

Eckehart, Meister: *Von der Geburt der Seele. Ausgewählte Schriften und Predigten*. Übertragen von Emil K. Pohl. Sigbert Mohn Verlag, ohne Ort und Jahr. Seite 27, 29, 68, 74, 82, 110, 112, 126, 135 f., 141, 142, 151

Einsichten des Glaubens. Texte der Kirchenväter. Herausgegeben von Alfons Heilmann und Heinrich Kraft. © 1968 Kösel-Verlag, München. Seite 19, 41, 101

Goethe, Johann Wolfgang: *Das Leben, es ist gut. Hundert Gedichte*. Ausgewählt von Sigfried Unseld. Frankfurt am Main und Leipzig: Insel 1997. Seite 28, 69 f.

Kloster Heiligenkreuz,
Zisterzienserabtei,
Österreich

Hanshan: *Gedichte vom Kalten Berg. Das Lob des Lebens im Geist des Zen.* Aus dem Chinesischen übersetzt und kommentiert von Stephan Schuhmacher. © 2001 Arbor Verlag, Freiamt im Schwarzwald. Seite 20, 22, 23, 40, 44, 93, 94, 98, 110, 112, 114, 120, 122, 128, 151 f.

Harvey, Andrew: *Die Lehren des Rumi. Weisheiten des Herzens.* Aus dem Englischen von Giovanni und Ditte Bandini. © für die deutschsprachige Ausgabe: 2001 Deutscher Taschenbuch Verlag, München. By arrangement with Shambhala Publications, Inc., P. O. Box 308, Boston, M. A. 02117. Seite 20, 33, 36, 37, 38, 55, 77, 78 f., 80, 81, 90, 92 f., 110 f., 149

Harvey, Andrew, und Eryk Hanut (Hrsg.): *Der Duft der Wüste. Weisheiten aus der Tradition der Sufis.* © 2003 Arbor Verlag, Freiamt im Schwarzwald. Seite 17, 23, 24, 25, 26, 32, 35, 48, 51, 70 f., 75, 77, 92, 93, 94, 95, 96, 101, 107, 119 f., 125, 134, 137, 146, 148, 153

Krusche, Dietrich (Übers.): *Haiku. Japanische Gedichte.* © 1994 Deutscher Taschenbuch Verlag, München. Seite 42, 93, 110, 113

Laozi: Zitiert nach der zuerst im Jahre 1911 unter dem Titel ›Tao te king. Das Buch des Alten vom Sinn und Leben‹ bei Eugen Diederichs in Jena erschienenen Übersetzung von Richard Wilhelm. Seite 49., 60, 90 f., 102, 104 f., 108 f., 113, 118, 124 f., 144, 147

LeSaux, Henri: *Der Weg zum anderen Ufer. Die Spiritualität der Upanishaden.* © 1980 Eugen Diederichs, Düsseldorf, Köln. Seite 38 f., 71, 111, 114 f., 121, 136

Merton, Thomas: *Die Weisheit der Wüste.* Frankfurt am Main: Fischer Taschenbuch 1999. © New Directions, New York, USA. Mit freundlicher Genehmigung von New Directions, New York, und Agence Hoffman GmbH, München. Seite 47 f., 52 f., 54, 62, 63, 66, 67, 96 f., 100 f., 104, 108, 118, 136, 140

Merton, Thomas: *Keiner ist eine Insel. Betrachtungen über die Liebe.* Zürich und Düsseldorf: Benzinger 1977. Originaltitel: *No Man Is an Island.* Copyright © 1955 by The Abbey of Our Lady of Gethsemani. Copyright renewed 1983 by The Trustees of the Merton Legacy Trust. Veröffentlicht mit Genehmigung Nr. 65'470 der Paul & Peter Fritz AG in Zürich. Seite 24, 41, 47 f., 62, 66 f., 71 f., 76., 80, 82, 91

Nyoshul Khenpo: *Der Buddha im Inneren. Unterweisungen zur Verwirklichung der natürlichen Großen Vollkommenheit.* © 2005 Arbor Verlag, Freiamt im Schwarzwald. Seite 17 f., 25, 27 f., 34 f., 37, 50 f., 53, 59 f., 100, 101 f., 105

Pema Chödrön: *Tonglen. Der tibetische Weg, mit sich selbst und anderen Freundschaft zu schließen.* © 2001 Arbor Verlag, Freiamt im Schwarzwald. Seite 84

Poeplau, Wolfgang (Hrsg.): *An der Türe deines Herzens. Meister Eckehart.* © 1994 Peter Hammer Verlag, Wuppertal. Seite 20, 30, 32, 33, 58, 78, 88, 124, 129, 136, 150, 153

Roberts, Bernadette: *Jenseits von Ego und Selbst. Erfahrungsbericht einer spirituellen Reise.* © 1997 Arbor Verlag, Freiamt im Schwarzwald. Seite 136

Rosenberg, Alfons (Hrsg.): *Die Meditation des Herzensgebets. Ein christlicher*

Weg der Meditation. Bern, München, Wien: O.W. Barth Verlag 1983. Seite 55, 56, 58, 59, 83, 84, 85, 88, 89, 96, 109, 114, 116, 117, 125

Salzberg, Sharon: *Metta-Meditation. Buddhas revolutionärer Weg zum Glück*. © 2003 Arbor Verlag, Freiamt im Schwarzwald. Seite 76

Schimmel, Annemarie: *Dein Wille geschehe. Die schönsten islamischen Gebete*. © 1992 Spohr Verlag, Kandern im Schwarzwald. Seite 85, 86f., 123, 126, 128f., 131

Schimmel, Annemarie: *Gärten der Erkenntnis. Texte aus der islamischen Mystik*. © 1982 Eugen Diederichs, Düsseldorf, Köln. Seite 83

Schimmel, Annemarie: *Muhammad Iqbal. Prophetischer Poet und Philosoph*. © 1989 Eugen Diederichs, München. Seite 88

Schuhmacher, Stephan: *Zen*. © 2001 Heinrich Hugendubel Verlag, Kreuzlingen, München. Seite 129f., 154

Steindl-Rast, David: *Fülle und Nichts. Die Wiedergeburt christlicher Mystik*. München: Goldmann Verlag 1989. Seite 29, 34, 84f., 86, 96, 97, 114, 116, 120, 152f.

Teresa von Avila: *Die innere Burg*. Stuttgart: Henry Goverts Verlag 1966. Seite 81

Von der Unsterblichkeit des Selbst. Die Katha-Upanishad. Bern, München, Wien: O.W. Barth Verlag 1989. Seite 69, 100, 102, 105, 112, 126, 145

Wang Wei: *Jenseits der weißen Wolken. Die Gedichte des Weisen vom Südgebirge*. Aus dem Chinesischen übertragen von Stephan Schuhmacher. © 1982 Eugen Diederichs, Düsseldorf, Köln. Seite 42, 45, 111, 114

Zhuangzi: zitiert nach der zuerst im Jahre 1912 unter dem Titel ›Das wahre Buch vom Südlichen Blütenland‹ bei Eugen Diederichs in Jena erschienenen Übersetzung von Richard Wilhelm. Seite 18f., 28, 56, 98, 99, 102, 105, 124, 142, 146, 150, 155

Bildnachweis

Seite 6: mauritius images / Raga
Seite 21: mauritius images / age fotostock
Seite 31: mauritius images / age fotostock
Seite 43: mauritius images / Mattes
Seite 57: mauritius images / Otto
Seite 73: mauritius images / age fotostock
Seite 87: mauritius images / Michael Runkel
Seite 103: mauritius images / Mattes
Seite 115: mauritius images / Raga
Seite 127: mauritius images / Mattes
Seite 143: mauritius images / Mehlig
Seite 156: mauritius images / Helmut Peters